刘超

高效面试

面试官实用手册

刘超 —————— 著

中国纺织出版社有限公司

内 容 提 要

本书系统解构面试全流程，分为导入篇、解析篇、技巧篇与实操篇四部分。导入篇聚焦面试官角色分析、队伍建设及岗位分析；解析篇深入求职者心理、面试原理与类型；技巧篇涵盖提问、倾听、观察与评价技术；实操篇提供简历分析、素养与能力评价的实战方法。通过科学理论与实用工具，助力面试官精准选才，提升面试效度与专业性，是企业面试官与HR从业者的必备指南。

图书在版编目（CIP）数据

高效面试：面试官实用手册 / 刘超著 . -- 北京：中国纺织出版社有限公司，2025. 3. -- ISBN 978-7 -5229-2456-4

Ⅰ. F272. 92-62

中国国家版本馆 CIP 数据核字第 2025DF5935 号

责任编辑：顾文卓　　责任校对：李泽巾　　责任印制：储志伟

中国纺织出版社有限公司出版发行

地址：北京市朝阳区百子湾东里A407号楼　邮政编码：100124

销售电话：010—67004422　传真：010—87155801

http://www.c-textilep.com

中国纺织出版社天猫旗舰店

官方微博 http://weibo.com/2119887771

鸿博睿特（天津）印刷科技有限公司印刷　各地新华书店经销

2025年3月第1版第1次印刷

开本：710×1000　1/16　印张：14

字数：200千字　定价：59.80元

当今，科学技术是第一生产力，人才资源是第一资源。党的二十大报告提出"深入实施人才强国战略"，把人才强国战略作为重要的发展战略列入全面建成小康社会的七大战略之中。这足以表明，人才资源之于国家发展、社会发展和企业发展的重要性。

习近平同志强调："我们要以识才的慧眼、爱才的诚意、用才的胆识、容才的雅量、聚才的良方，广开进贤之路，把党内和党外、国内和国外等各方面优秀人才吸引过来、凝聚起来，努力形成人人渴望成才、人人努力成才、人人皆可成才、人人尽展其才的良好局面。"

锻造识才选才的"慧眼"，首先要解决好"用什么标准选人、选什么样的人"的问题。唯有立起鲜明选才标准，方能把准识才选才"方向盘"。选才标准要以用人需求为基础，细化明确具体标准，量化配置要素权重，增强可操作性、实用性，确保拿着就能用、对着就能评。

锻造识才选才的"慧眼"，其次要解决好"用什么方法识人、识人的什么"的问题。本质上就是提升面试官透过细节看思想、看素质、看能力的技巧，提升面试官从语言、情绪、心理、行为等方面捕捉信息的能力，提升面试官把问题问透、问实、问细的本领。要善于多方印证，确保最大限度认清识准候选人。

面试工作是企业管理者日常例行的工作事项，同时也会有大量的面试工作由业务部门的管理者和岗位专家来执行。如何让非人力资源部门的业务管理者掌握人力资源视角下的面试技巧，这需要针对面试技巧进行系统性知识导入和实操性技巧赋能。

本书分为四篇，分别是导入篇、解析篇、技巧篇和实操篇。

导入篇从面试官角色分析和面试官队伍建设出发，进而对岗位分析、任职资格搭建和胜任力模型构建进行论述。旨在帮助面试官认识并理解岗位角色，对具体工作开展的关键点进行梳理，同时帮助面试官掌握评价标准的构建能力。

解析篇分别对求职者角色、面试原理和具体的面试类型进行解析。目的是帮助面试官了解面试工作开展的底层逻辑，求职者的心理特征和装伪行为，以及具体面试的开展形式等。

技巧篇分别对面试的组织、提问、倾听、观察和评价等技巧进行讲述。提问与追问是面试开展的牵引性动作，倾听与观察是面试开展的接收性动作，评价则是面试过程的整体加工结果。本篇内容的价值是帮助面试官掌握核心面试技巧并提升面试效度。

实操篇分别从简历分析、个人素养评价和通用能力评价三部分展开论述。简历分析是以候选人职业履历的客观性信息为切口，从而对简历的价值性、合理性和适配性进行分析。个人素养评价是从心理资本、情商、自我认知和职业动机四个指标进行分析。通用能力评价则是从学习能力、团队协作、抗压能力和沟通能力等七个通用性指标展开介绍。本篇内容由笔者结合面试实战经验进行撰写，目标是帮助面试官在面试工作中提供实操性解决方案。

最后，希望各位面试官在阅读本书后，能够在未来的面试工作中更快、更准、更高效地开展工作。并希望各位面试官都能寻求到适合企业的人才，实现人才发展与企业发展的共赢。

刘　超

2024.10

扫码与作者
近距离沟通

目录
CONTENTS

导入篇

第一章　面试官角色分析　| 2

一、面试官角色认知　| 2

二、面试官的工作内容　| 3

三、面试官的能力要求　| 4

四、面试官的素质要求　| 8

第二章　面试官队伍建设　| 11

一、重塑面试观念　| 11

二、明确团队目标　| 12

三、开展角色选拔　| 13

四、梳理学习地图　| 14

五、实施能力培养　| 19

六、能力等级认证　| 20

七、实战效果跟踪　| 21

第三章　面试前，必做岗位分析　| 23

一、岗位分析的内容　| 24

二、岗位分析的步骤　| 24

三、岗位分析的方法　| 25

四、岗位分析结果示例　| 28

第四章 面好试，必看任职资格 | 31

一、任职资格解析 | 32

二、任职资格在面试中的应用 | 33

第五章 选好人，必懂胜任力模型 | 35

一、胜任力模型解析 | 35

二、构建胜任力模型的方法 | 36

三、基于胜任力设计面试 | 37

四、胜任力模型的具体实例 | 38

解析篇

第六章 求职者角色解析 | 44

一、求职者的心理解析 | 44

二、求职者的作伪行为 | 48

第七章 面试原理解析 | 53

一、人与人的差异性 | 54

二、能力的相对稳定性 | 55

三、心理特质的可测性 | 55

四、人与岗位的适配性 | 56

第八章 面试类型解析 | 57

一、从结构化程度看 | 57

二、从对象多少看 | 58

三、从压力指数看 | 58

四、从提问性质看 | 59

五、从结果类型看 | 59

六、从题本属性看 | 60

七、从面试进程看 | 61

技巧篇

第九章　面试组织　｜64

　　一、面试前期准备　｜64

　　二、面试过程组织　｜69

　　三、面试后期合议　｜72

第十章　提问技巧解析　｜74

　　一、提问原则　｜75

　　二、问题分类　｜77

　　三、提问的四种依据　｜80

　　四、追问的两种方法　｜85

第十一章　倾听技巧解析　｜89

　　一、倾听的原理　｜89

　　二、有效倾听的技巧　｜92

　　三、倾听时的注意事项　｜95

第十二章　观察技巧解析　｜96

　　一、非语言信息解析　｜96

　　二、形象观察技巧　｜97

　　三、姿势观察技巧　｜99

　　四、面容观察技巧　｜102

　　五、表达观察技巧　｜107

　　六、谎言识别技巧　｜112

第十三章　评价技巧解析　｜116

　　一、评价注意事项　｜117

　　二、评价类型　｜118

　　三、评价框架示例　｜120

　　四、评价指标释义　｜123

五、评语撰写技巧　| 130

实操篇

第十四章　简历分析技巧　| **136**

一、内在性分析　| 136

二、外在性分析　| 140

三、学历分析　| 142

四、专业分析　| 143

五、求职意向分析　| 144

六、工作履历分析　| 146

七、个人兴趣分析　| 152

第十五章　个人素养评价　| **154**

一、心理资本　| 154

二、情商　| 159

三、自我认知　| 165

四、职业动机　| 170

第十六章　通用能力评价　| **174**

一、学习能力　| 174

二、团队协作　| 179

三、抗压能力　| 184

四、沟通能力　| 189

五、逻辑思维　| 194

六、责任担当　| 200

七、推进执行　| 205

参考文献　| **211**

后　　记　| **215**

导入篇

第一章　面试官角色分析

人才是企业的核心资本。伴随 AI 时代的到来以及知识经济的发展，人才已然成为价值创造的关键生产要素。

面试官就是人才这座金矿的勘探者和开发者，面试官这一角色对企业发展而言非常重要。

一、面试官角色认知

面试官要在面试过程中完成以下几项工作，分别为：对企业本身进行介绍、对岗位要求进行传达、对面试过程进行组织、对面试问题进行发问、对行为表现进行观察、对能力素质进行评估、对面试结果进行记录、对面试全程进行复盘。

面试官的角色是复合且多元的，面试官的身份是重要且严肃的，面试官的形象是端庄且职业的，面试官的提问是聚焦且得体的，面试官的评估是客观且公平的，面试官的评价是详尽且差异的，面试官的复盘是据实且辩证的。

面试官的专业体现在对人的理解，对人的包容，对人的接纳，对人的善待，对人的诠释，对人的成就。面试官一手托两方，之于企业是要筛选合适的人，之于人才是要推荐适合的岗。人岗适配之于企业是绩效最大化，之于人才是价值最大化，从岗出发是对能力的诉求，从人出发是对资源的利用，面试官是双方成就的伯乐、双向奔赴的桥梁，面试官是对机会的给予和缘分的缔结。

面试官要对面试这一工作有多重理解，要对生命有敬畏，要对价值有敬重。面试官与候选人之间进行的是平等的对话，视人为人是人力资源开发的基本理念，对人的尊重就是对自然法则的尊重，顺应人性方能最大化获得人心，获得人心方能最大化开发人力。

面试官面试技巧的提升是加强对时代特点的理解和对社会人文的分析，不同的时代拥有不同的人文环境，塑造着不同的社会心理，影响着不同的价值取向，决定着不同的决策依据，塑造着不同的职业路径，决定着不同的职业旅程。面试官之于企业和个人而言，对企业发展旅程和个人职业旅程的影响和塑造，其价值不可小觑。

二、面试官的工作内容

面试官的通用职责是执行面试计划并输出面试意见，不同阶段的面试官工作重点不一样，企业要依据自身设计的面试流程对面试官的工作职责进行拟定。

大部分企业都会对候选人进行初面和复面，初面面试官负责对候选人的基本信息和通用能力进行评估；复面面试官负责对候选人的专业能力和企业文化适配度进行评估。

也有很多企业会对面试流程安排初面、复面和终面三个环节。初面面试官负责对候选人的基础客观信息和通用能力进行评估；复面面试官负责对岗位专业能力和经验匹配度进行评估；终面面试官负责对候选人初面结果和复面结果进行最终校验，并结合企业文化和个人就业要求进行适配度分析，最终做出人事任免决定。

面试流程与公司规模和对人才要求的严格程度呈正相关。一些国际知名公司对面试流程做出更精细化的切割，四轮或五轮面试都有可能，其不同环节的面试重点不一样，背后采取的面试技术就是评价中心技术。第一轮可能做智力面试，第二轮可能做通用能力面试，第三轮可能做专业能力面试，第四轮可能做管理潜质面试，第五轮可能做求职动机分析与薪资谈判。

因为面试官在不同轮次的面试重点不一样，其采用的面试形式也不一样，有的是结构化面试，有的是案例分析，有的是情景模拟面试，这就要求面试官对不同面试形式的面试题本进行组织与落地。

在面试过程中要保证候选人的面试体验是公平且受尊重的，不能让候选人有任何被攻击感和不尊重感。面试官既是企业品牌形象的代言人，也是企业文化的发言人，还是企业发展理念的践行人。

三、面试官的能力要求

能力和潜力的区别在于能力更倾向于应用层，而基于应用场景中的问题分析能力与问题解决能力归属于实践能力，面试官的实践能力包含面试前、中、后三个阶段的实践能力。

面试前对人才招聘标准的梳理与确定，面试中对面试全程的组织与执行，面试后对人才评价结果的分析与反馈，这都对面试官提出了基于应用场景的实践能力要求（图1-1）。

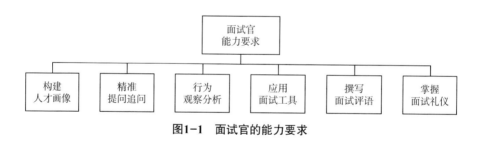

图1-1　面试官的能力要求

1. 构建人才画像

红杉资本全球执行合伙人沈南鹏在创办携程网时，对携程网的每个岗位都搭建了胜任力模型和任职资格要求，让每个携程的员工都清楚自身所处岗位对能力的要求，也让每个员工知悉自身岗位的晋升路径以及与下一岗位之间的能力差距，胜任力模型与任职资格体系的搭建激活了所有员工的职业动力和潜能。

所以，面试官要掌握人才画像的构建技巧，人才画像是基于岗位工作任务的需要对员工提出的具体能力要求，包括硬技能和软技能。硬技能更倾向于

"冰山"上层的技术应用能力，如 AI 编程、数据分析、产品设计等能力。软技能更倾向于"冰山"底层的个性特质与行为风格，如抗压能力、开放性、坚韧性等。

当面试官基于岗位职责构建出人才画像后，再对人才画像中的能力胜任等级做出具体要求和描述，不是所有的能力项都是关键能力项，也不是所有的能力项都需要候选人的胜任等级达到优秀。

构建人才画像与应用人才画像是面试官的基础能力要求，面试官只有对面试评分表建立深度的理解认知之后，方能对候选人在面试过程中的行为表现进行客观评价。

2. 精准提问追问

提问技巧在教练技术中是核心中的核心，在面试技术中也一样，面试问题的精准性和有效性是面试效度的基本保障。面试问题在面试过程中具备主导性和引导性，主导性体现在候选人在面试过程中必须且只能回答面试官的问题，引导性体现在面试官的问题对候选人的回答思路具备引导作用，候选人会调取个人大脑中所有与面试问题相关的经历和知识储备来回答问题。所以，一个不客观、不适配、不具备区分度的问题对面试本身而言是灾难性的存在。

面试工作的核心是对候选人的能力、素质、个性、风格、价值观等进行评估，不同的面试指标对应的面试问题是不同的，如硬技能，要从能力的认证等级、使用频率、掌握程度、应用成效等层面进行提问。如软技能，要从能力的概念认知、行为实践和经验沉淀等层面进行提问。

业精于勤，行成于思，这是个体习得知识和掌握能力的自然规律，个体的认知心理和能力习得逻辑恰恰是我们设计面试问题的底层土壤。所有没有在具体环境中验证过的能力都不能称为已被证实的能力，这也是为什么企业在干部管理工作中特别看重考察对象在过往岗位任期上的绩效表现的原因，被具体工作场景验证过的能力才具备更强的稳定性，具备稳定性的能力才能更好地预测候选人在未来工作岗位中的行为绩效。

3. 行为观察分析

行为观察的要点在于"观"和"察"。"观"是要观候选人的语言行为和非语言行为，语言行为是认知结构和思维逻辑的表达，非语言行为是能量状态和行为习惯的体现。"察"是察觉人在相同场景中的行为差异性，差异性是对人才的区分度进行评价的依据，尤其是个体行为有别于群体行为时，一定要做深度挖掘与分析。

当个体处于集体之中时，集体意识会让个体意识产生顺从效应，这就是"乌合之众"产生的缘由。当个体在集体中大胆表达个人的差异化想法并争取更多支持时，这就是领导力产生的时候，也是识别和挖掘高潜人才和管理继任者的时机。所以观察是一种场景化透视，既要从团队关系中看个体表现，又要从自我关系中看心理状态。

观察并不只是看，还要听，看语言行为和非语言行为，听表达逻辑和用词等级。有的人在表达过程中偏爱使用比较级和最高级的形容词，利用夸张的措辞来放大思想的感染力，这样的候选人需要我们挤掉水分对能力进行客观评估；也有的人在表达过程中用词比较精准和审慎，这代表候选人表达风格更质朴、更接地气，这样的候选人往往在工作中更让队友有踏实感，也更能获取领导和同事的信任和接纳。

言谈举止都是个人心理投射的外化表现，面试官对细节动作、关键用词、独有观点和表达逻辑的快速捕捉能力非常重要，心理学对面试工作的重要性就体现于此。虽然不是所有的面试官都有心理学背景，但需要让面试官小组的某个成员具备心理学背景，这是非常有必要的。

4. 应用面试工具

根据面试的结构化程度不同，可以分为结构化面试、半结构化面试和非结构化面试。根据面试压力属性的不同，可以分为压力性面试和非压力性面试。根据面试内容设计重点的不同，可以分为行为性面试、情境性面试和综合性面试。根据面试形式的不同，可以分为公文筐测试、角色扮演法、情景模拟测试、无领导小组讨论、结构化讨论等。

不同的面试形式、不同的面试工具、不同的面试种类的执行细则都不一样，角色扮演需要角色演员，公文筐测试需要邮件回复人，无领导小组讨论需要规则主持人。并不是所有的面试官都需要在面试过程中兼任多种角色，但面试官要对不同的面试工具有所了解，要对不同面试形式的组织过程有所了解，这样才能在不同的面试形式中对候选人进行评价。

5. 撰写面试评语

面试评语撰写对面试官的心理学词汇量和管理学词汇量要求较高，心理学词汇是以人才为主体的描述词汇，管理学词汇是以岗位为主体的描述词汇，人岗匹配过程就是不同词汇相互适配与融合的过程，词汇之间的协同性和冲突点是人事任免决策过程中的重要依据。

侧重心理学词汇包括智商、情商、个性、特质、风格、价值观、动机、成就导向、开放性、尽责性、宜人性、情绪稳定性、外向、内向、感性、理性等。奥尔波特提出了特质论，对人的不同特质进行描述，并摘取岗位关切的特质进行重点阐述。

侧重管理学词汇包括授权意识、创新思维、冲突管理、成本意识、目标导向、人际影响、以身作则、变革管理、战略破局等。麦克利兰博士提出了胜任力模型理论，倡导直接从岗位任务出发对候选人的胜任能力进行评估。

面试评语大多采用"能力主题＋胜任等级＋行为举证"的表达范式，如"学习能力较好，研究生成绩专业排名前3%，自主学习人工智能生成内容（AIGC）相关知识并考取工信部证书"，这样的评语范式是一句完整的能力评价描述，有评价主体，有等级描述，有事件佐证。

6. 掌握面试礼仪

面试中给予应聘者平等的尊重是基本的商务礼仪，面试氛围直接影响候选人的面试表现，面试官要自然、亲切地提出问题，这样可以缓解或消除候选人紧张和焦虑的情绪。

如应聘者显得过于紧张，拘谨地坐在座位上，不停搓动双手，那么面试官不应立即进入面试。这种情况在很紧张的求职者身上时有发生，面试过程中有些焦虑和不安是正常的。

首先，在面试中面试官要保持良好的面部表情，如果表情太严肃，会增加紧张气氛。其次，面试官要注意言语行为，提问时语言要像日常交谈那样平易近人，切忌"打官腔"。最后，当应试者在面试中表现不好时，不能进行责备，要予以鼓励。

四、面试官的素质要求

能力是指完成一定活动的本领，素质是能力的基础，是潜藏在人身上的一种能动力，包括组织能力、决策能力、应变能力和创新能力等素质，是影响个体发展的一种智能要素。

面试技能的养成由底层素质作支撑，责任担当、专业学习、公平公正、开放包容、关注细节都是支撑面试技能的底层素质（图1-2）。素质由先天气质和后天环境共同影响，素质不容易培养且具备一定稳定性，胜任素质识别也是面试官队伍搭建的关键所在。

图1-2　面试官的五大素质要求

1. 责任担当

面试官要认识到自身角色的重要性。从企业发展的角度来讲，面试官是在帮助企业寻找未来能够引领企业发展或帮助企业革新的创业者。从岗位胜任的角度来讲，面试官是在帮助企业寻找降本增效的人才，一个优秀的员工能够在单位时间内为企业生产更多的绩效。

责任二字既可量化也不可量化，可量化的责任变成了任务，不可量化的责任变成了担当。面试官的任务担当就是呈现企业的优秀面与吸引力，并招录更多优秀的人才与企业共同发展。

2. 专业学习

面试评价是需要通过多维分析、交叉验证得出面试结论的。例如，面试官要通过 STAR 面试法对候选人过往经历中的成就事件进行还原，萃取出候选人的优劣势项。行为面试法是面试官对候选人工作事件进行情景代入并进行关键事件分析，从而对候选人的能力素质进行评价。

面试官要主动学习与公司业务相关的必要知识，包括行业知识、通用管理知识、岗位专业知识和人力资源管理知识。知识的习得与掌握是面试官能更大化的对候选人职业经验进行场景化代入的前提。

面试结果不能输出绝对的优秀，人才评价的结果要建立在常模数据对标上才有价值。所以，面试官要逐渐累积面试候选人的数量，当数量值积累到一定程度时，面试官评价候选人的整体效度会更趋于稳定。

3. 公平公正

公平公正要求面试官不能有私心，不能有自我狭义上的偏好，不能在面试过程中出现类我现象，觉得哪个候选人和自己过往的经历比较像，就给候选人打高分，这样的决策路径是具有较大风险的。在面试过程中一定要有对比参照，哪怕只有一个候选人，面试官也要结合自身过往面试经验积累的候选人群体作为常模群体进行参照，这样对面试维度进行赋分才具有科学性。

面试官不能用放大镜看人，面试过程中很有可能会产生管中窥豹的现象。如果看到了一个人的优点，就把优点放大到整体。如果看到了一个人的缺点，就把缺点放大到整体。任何单一的优点和缺点都不能对候选人进行一概而论，这样的评价对候选人是不公平的。所以，面试结束后的合议环节很重要。

4. 开放包容

面试官不能有排他效应，法律约束和道德规范之内的事情是每一个公民都应该履行的责任和义务。此外，不得对候选人的人生理念妄加评判，因为多元文化正在不断滋养多元的生命意识形态。

华为创始人任正非在俄罗斯实验室中看到一个研发工程师在打游戏，并没有直接对员工进行指责，而是看了看员工的绩效表现，发现这名员工在过往工作中为公司做出了很好的研发贡献。

西湖大学创始人施一公在招生时并不介意学生染发这件事情，他说，西湖大学并不希望学生都很循规蹈矩，而是鼓励学生要有自己的想法，要有自身的独立思想。

开放包容是要求面试官接受并接纳不同的个体，只有接纳才能更完整地感受对方的整体，才能更精准地做出评价。

5. 关注细节

每个人的表达形式各异，有的人喜欢穿颜色很亮的服装，有的人喜欢穿颜色暗淡一点的服装，有的人喜欢用浮夸一点的行为方式进行社交，有的人喜欢用偏内敛的行为风格与人打交道，个体内在的差异性会有其对应的外显行为。面试官对外显行为的捕捉能力会直接关联其面试效果。

候选人身上的一枚胸针，候选人回答问题过程中的口头禅，候选人自我介绍时使用的最高级词汇，候选人面对考官问询压力时的面部表情，这都是面试过程中的细节。一个细节不代表什么，很多个细节叠加在一起就代表候选人具备统一性的内在特征，面试官在面试过程中的细节捕捉能力至关重要。

第二章　面试官队伍建设

建设面试官队伍的目的是帮助企业提升面试效度，保证通过面试录用的人才到岗后可以产出组织所需的绩效，最终实现组织与员工共赢。在企业管理中，选人远比育人重要，选对人，事半功倍，选错人，事倍功半。人才是一切战略目标实现的终极密码，优秀的面试官队伍就是要助力企业在人力资源市场中猎取到更优秀的人才，进而推动企业战略目标达成。

一、重塑面试观念

建设面试官队伍之前，首先要树立适合企业自身的科学面试观。面试观的核心是人才观，人才观包括如何定义人才，如何识别人才，如何吸引人才等。不同时代对人才有不同的定义，农业革命、工业革命和信息化革命都对人才提出了各自的要求，AI 时代也一样，AI 时代明显对人才的创新能力诉求更强。如何搭建 AI 时代的面试官队伍，是企业管理中需要思考的课题。

重塑面试观念，是因为传统的面试观念更多采用固定型思维，是存量思维，是以岗位绩效为核心，更强调人尽其用，而不是人尽其才。革新型的面试观念更多采用成长型思维，是增量思维，更强调员工是否能充分发挥自身潜能，是否能满足未来需要，是否能在岗位上创造出非凡业绩的共赢性思维。全球知名咨询公司光辉国际和全球性知名企业海尔集团都对未来人才提出了革新型的定义。

光辉国际认为未来的组织迫切需要自我颠覆型领导者。自我颠覆型领导者具备强大的未来型组合技能，即涵盖预判、驱动、加速、合作和信任五项核心能力。预判是指能快速判断发展方向，驱动是指能明确目标并激励员工，加速是指能快速开发并落实设想，合作是指能联结整个组织并鼓励团队开放交流，信任是指能整合多元价值观并充分尊重个体。

海尔集团董事局原主席张瑞敏在 2005 年提出"人单合一"的管理模式，核心理念是将员工（"人"）与用户价值（"单"）合一，实现员工价值与所创造的用户价值的统一。在这个模式下，员工直接面对用户，创造用户价值，并在这一过程中实现个人价值的分享。员工不再是被动执行者，而是拥有决策权、用人权和分配权的创业者和动态合伙人。海尔集团在日本并购三洋家电后，通过"人单合一"模式的实施，使三洋家电很快扭亏为盈。

建设面试官队伍的目的是帮助企业寻找到自我颠覆型领导者和创客型员工，这样的人才观就需要用革新型的面试理念来执行。重塑面试观念是在传统面试观念的基础上，紧随时代变化，紧抓技术创新，紧跟组织变革，为企业找到适合自己的员工。

二、明确团队目标

建设面试官团队的直接目标就是要提升企业面试工作的专业度，把控好人才招引质量这一关，更好地为战略目标达成提供人才支撑。提升专业度的具体工作就是让面试官形象更职业、让面试流程更规范、让面试形式更灵活、让面试指标更落地、让面试问题更精确、让面试观察更细致以及让面试结果更实用。

面试官团队在企业中常属于虚拟组织，每位面试官都有其本职工作，面试只是其众多工作职能之一。所以，承担面试职能的很多面试官并未接受过系统的技能培训，要想实现团队的整体建设目标，重点是让面试官能够理解相关的专业知识，掌握具体实操技巧，包括提问技巧、追问技巧、观察技巧和评价技巧等。另一个核心重点工作，就是让面试官具备分析并拆解面试指标的能力，不同面试指标对应的面试方法也各有侧重。

基于企业未来，面试官要寻找能与企业共同发展的创业创新伙伴。基于企业现状，面试官要寻找能帮助企业解决具体困难的岗位专家。基于组织建设，面试官要寻找能与团队进行经验互补的业务搭档。基于岗位职责，面试官要寻找能在岗位上产出高绩效的标杆员工。基于部门管理者，面试官要寻找能与其建立信任并深度合作的得力干将。

三、开展角色选拔

企业在建设面试官团队之前，需要在组织内部成立面试官管理委员会，委员会负责人一般由人力资源部门负责人或公司高级管理人员担任，委员会成员一般为公司高级管理人员、人力资源部门负责人，以及具有丰富面试经验的员工。员工可能是部门经理、主管、资深员工或外部专家。

委员会的主要职责包括制订面试官的选拔、培训、认证和评估标准，组织和实施面试官的培训计划，监督面试官表现并提出改进建议。与此同时，也会创建并维护面试官知识地图，收集和分享最佳面试实践，促进组织内部的知识传承。

选拔面试官时，通常会考虑员工的工作年限、岗位职级、绩效表现、专业知识和沟通能力等要素。适合担任面试官的人选可能是以下员工。

（1）业务线负责人。这些人通常对所辖业务有较深了解，能够准确评估候选人是否符合岗位要求。

（2）技术专家。这些人通常在专业领域有深厚的背景，能够对技术岗位的候选人进行专业评价。

（3）部门经理。这些人通常对部门具体工作和团队文化有深刻认识，能够评估候选人的风格与团队是否匹配。

（4）人力资源从业者。这些人通常熟悉招聘流程和面试技巧，能够设计有效的面试流程和评估体系。

此外，担任面试官的还可以是公司元老、一线员工和外部顾问。公司元老可以从企业文化角度展开面试，一线员工可以从岗位实操角度展开面试，外部顾问可以从第三方视角展开面试。

以下是企业选拔面试官时，可参考部分的共性标准。

（1）有面试经验，掌握基本的面试理论和面试实操技巧。

（2）了解企业，可以从企业文化角度评价候选人。

（3）了解职位，可以从岗位职责角度评价候选人。

（4）自身岗位绩效表现优秀，在面试中能吸引优质候选人。

（5）沟通能力强，能清晰传达信息并与候选人良好互动。

（6）面试过程中能公正客观评价，不受个人偏好影响。

（7）能灵活适应不同的面试形式和候选人风格。

另外，在选拔面试官时，不会把面试技术的具体掌握程度作为共性标准。因为，除人力资源部面试官之外，较少有人经历过系统的专业赋能，这是在做好角色选拔之后要做的工作。

四、梳理学习地图

面试官的岗位学习地图由知识地图和技能地图两个部分构成，知识地图是胜任面试官岗位应知应会的专业知识，技能地图是胜任面试官岗位需要熟练操作的专业技能。知识地图帮助面试官夯实理论基础，技能地图帮助面试官掌握实操技巧，以下是对具体学习内容进行的部分梳理。

1. 知识地图

知识地图中相关知识根据使用程度不同要达到了解、理解和应用三个水平（表2-1）。

了解是指能够识别、记忆所学的信息，包括事实、概念、原理等。在这个水平上，人们可以对知识进行简单的再现。当被提问时，能够按照所记忆的内容进行陈述。了解水平的具体动作包括说出、背诵、复核、描述等。

理解是指把握内在逻辑关系，与已有知识建立联系，进行解释、推断、区别、扩展、提供证据、收集、整理信息等。理解水平的具体动作包括解释、说明、阐明、推理等。

应用是指在新的情景中使用抽象的概念，基于原则进行总结、推广，建立不同情境下的合理联系等。应用水平的具体工作包括设计、撰写、检验、总结、证明等。

表2-1 面试官的知识地图

序号	知识分类	知识内容	学习水平		
			了解	理解	应用
1	面试	中国人才选拔制度简史	●		
2	基础知识	西方心理测评发展简史	●		
3		岗位分析的概念	●		
4		岗位分析的内容		●	
5	岗位职责解析	岗位分析的步骤			●
6		任职资格的概念		●	
7		任职资格的构成		●	
8		胜任力模型的概念		●	
9		人与人的差异性			●
10	面试原理	能力的相对稳定性			●
11		心理特质的可测性			●
12		人与岗位的适配性			●
13		面试官角色认知		●	
14	面试官	面试官的工作内容		●	
15	角色解析	面试官的能力要求		●	
16		面试官的素质要求		●	
17	求职者	求职者心理解析		●	
18	角色解析	求职者的装伪行为			●
19		结构化面试定义			●
20		半结构化面试定义			●
21		非结构化面试定义		●	
22		压力面试定义			●
23		非压力面试定义	●		
24		情境性面试定义		●	
25	面试分类	行为性面试定义			●
26		目标参照性面试定义	●		
27		常模参照性面试定义	●		
28		无领导小组讨论定义			●
29		公文筐测试定义			●
30		案例分析定义			●
31		即兴演讲定义			●
32		角色扮演定义		●	

续表

序号	知识分类	知识内容	学习水平		
			了解	理解	应用
33	面试 实战知识	面试提问原则		●	
34		面试问题分类			●
35		面试提问依据			●
36		倾听的原理		●	
37		倾听注意事项			●
38		非语言信息的概念	●		
39		评价注意事项	●		
40		评价类型分类		●	
41	面试指标分析	情商概念		●	
42		情商面试问题库			●
43		自我认知概念		●	
44		自我认知面试问题库			●
45		职业动机概念		●	
46		职业动机面试问题库			●
47		学习能力概念		●	
48		学习能力面试问题库			●
49		团队协作概念		●	
50		团队协作面试问题库			●
51		××能力概念		●	
52		××能力面试问题库			●

知识地图分为固定内容和浮动内容两个部分。固定内容包括面试原理、面试组织、提问、观察、评价和谎言识别等内容。浮动内容是指面试指标的多与少，面试指标也分为通用面试指标和定制面试指标，通用面试指标指沟通能力、团队合作和抗压能力等指标，此类指标是面试过程中常用的指标，具体释义和题库都相对成熟。但企业总会沉淀出自定义指标，每一个自定义指标都需要具体的指标释义和对应的面试题库，这是浮动内容的部分。

2. 技能地图

技能地图中的相关技能根据实用程度不同要达到模仿、独立操作和迁移的水平（表2-2）。

模仿是指在原型示范和具体指导下完成操作，对提供的对象进行模拟、修改等。模仿的具体动作包括模拟、再现、类推和编写等。

独立操作包括独立完成操作，进行调整与改进，尝试与已有技能建立联系等。独立操作的具体动作包括完成、制订、拟定、尝试、试验等。

迁移包括在新情境下运用已有技能，理解同一技能在不同情况下的适用性等。迁移的具体动作包括联系、转换、举一反三、触类旁通、灵活运用等。

表2-2　面试官的技能地图

序号	技能分类	技能内容	学习水平		
			模仿	独立操作	迁移
1	岗位分析	岗位分析的方法	●		
2		任职资格搭建技巧	●		
3		任职资格应用技巧		●	
4		胜任力模型的构建	●		
5		胜任力模型的应用		●	
6	面试组织	面试前准备		●	
7		面试中组织			●
8		面试后合议		●	
9	面试实战	面试提问技巧			●
10		有效倾听技巧			●
11		形象观察技巧		●	
12		姿势观察技巧		●	
13		面容观察技巧		●	
14		表达观察技巧		●	
15		谎言识别技巧		●	
16		设计评价框架		●	
17		评语撰写技巧			●

序号	技能分类	技能内容	学习水平		
			模仿	独立操作	迁移
18	简历分析	简历内在逻辑分析			●
19		简历外在形式分析		●	
20		学历分析		●	
21		专业分析		●	
22		求职意向分析			●
23		工作履历分析			●
24		个人兴趣分析		●	
25	面试指标评价	心理资本面试提问与观察		●	
26		情商面试提问与观察		●	
27		自我认知面试提问与观察		●	
28		职业动机面试提问与观察		●	
29		学习能力面试提问与观察		●	
30		团队协作面试提问与观察		●	
31		××能力面试提问与观察		●	

技能地图和知识地图一样，也分为固定和浮动两个部分。固定部分包括面试组织技巧、简历分析技巧、面试提问、观察和评价技巧。浮动部分是指面试指标的提问和观察部分，提问问题和观察要点会根据指标不同而不同，每一个个性化面试指标都需要特定的提问问题和观察要点。

五、实施能力培养

面试官的能力培养分为四个阶段，分别是知识导入、技术赋能、实操落地和专业精进。

第一阶段，知识导入。

知识导入阶段的主要目的是对与面试相关的基础知识进行扫盲。具体知识内容包括但不限于西方人才测评领域的类型论和特质论、麦克利兰博士的胜任力理论和冰山模型理论、心理测量学中的信度和效度、问题类型中的开放性问题和封闭性问题、心理学中的智商理论和情商理论等。

以上知识的背景成因和概念讲解，是面试官培养第一阶段需要完成的教学内容。只有先帮助面试官厘清面试相关的知识概念和具体的应用场景，才能让面试官在第二阶段提升面试技能时做到有据可依。

　　✍ **第二阶段，技术赋能。**

技术赋能阶段的主要目的是让面试官对与面试相关的实操技巧进行示范讲解和赋能。具体技术包括岗位分析技术、胜任力模型构建技术、面试指标词条解析技术、行为面试题编辑技术、STAR 面试法、非语言信息观察技术和评语撰写技术等。

以上技术的应用原理和实操技巧，是面试官培养第二阶段需要完成的教学内容。这些实操技巧被应用在面试前、中、后各个环节，只有理解并学会应用具体面试技巧，才能体现面试官专业能力。

　　✍ **第三阶段，实操落地。**

实操落地阶段的主要目的是让面试官能够在理解面试知识和掌握面试技巧后，开始针对某类岗位或某类人群展开实操面试。具体实操内容包括面试组织、面试开场、面试提问、面试观察和面试评价。

初期面试实操的面试对象可以拟定为社会招聘中的本部门本岗位求职候选人和校园招聘的大学生求职者，前者可以更快从岗位专业技术出发展开面试，后者更多是从共性职业素养和通用能力出发展开面试，这两个面试场景更适用于初期实操。

　　✍ **第四阶段，专业精进。**

专业精进阶段的主要目的是让面试官能够驾驭更多的面试岗位和更广的求职人群，以及可以更深入地应用面试技巧对候选人展开更深度的观察与评价。此阶段需要持续的面试实操和经验复盘，从而更快速地识别出求职者之间的共性特征和差异化特征。

后期的专业精进是指面试官能够识别出不同时代背景下的人群画像，以及不同区域、不同出身背景下的人群画像等。资深面试官是集心理学、社会学、人力资源学、管理学、组织行为学等众多学科于一身的人类观察师。

目前，企业一般会聘请外部顾问走进组织对面试官群体进行专业赋能，具体工作开展之前，企业非常有必要把自身的组织文化和看重的人才品质进行梳理并告知外部专家，这样外部专家才能更有针对性地制定学习旅程并做面试技术导入。

六、能力等级认证

实施面试能力培养之后，需要对面试官进行能力等级认证，不同等级的面试官适配的候选人群体不同。面试官角色分为通用能力面试官和专业能力面试官，我们可以对不同角色的面试官进行等级认证，以下是常用的初级、中级和高级认证标准。

> **初级面试官认证**
> ◇ 司龄 1 年以上，岗位级别主管级以上。
> ◇ 掌握面试基本概念，理解人才评价的基本理论知识。
> ◇ 必须接受过基础的面试官培训，并通过认证考核。
> ◇ 负责面试一些基础岗位，如初级技术员、行政人员等。
> ◇ 具备良好的沟通技巧以及能按既定流程进行面试的能力。

> **中级面试官认证**
> ◇ 司龄 2 年以上，岗位级别为经理级以上。
> ◇ 可以更深入了解岗位需求，能够对候选人进行更全面的评估。
> ◇ 能运用多种面试技巧，如无领导小组讨论、行为面试等。
> ◇ 负责中级技术岗位和中层管理岗位的面试。
> ◇ 需定期参与培训，并在实际面试中达到一定的成功率。

高级面试官认证

◇ 司龄 3 年以上，岗位级别为总监级以上。

◇ 能够独立设计和实施面试流程，掌握各种人才甄选方法。

◇ 负责高级职位的面试，如部门经理、总监等。

◇ 能够对初级和中级面试官进行培训和辅导。

◇ 需具备良好的战略思维和人才规划能力。

每个企业关于面试官等级认证的标准都不一样，以上是一些常用的认证标准。在实际的面试官体系搭建过程中，可以结合企业自身情况进行针对性设计。

七、实战效果跟踪

面试官等级认证之后，需要对面试官的面试效果进行跟踪与评价，并根据评价结果对面试官进行二次等级认证。二次认证后面试效果依然欠佳的面试官需要做面试官库出库，出库后的面试官不再享有职能津贴和奖金激励政策。以下是一些常用面试效果跟踪指标。

（1）面试投诉次数。是指因面试组织不规范导致候选人对面试工作产生的投诉。例如，国有企业招考过程中可能会因为过程组织不规范致使候选人投诉到纪律监管部门。

（2）面试舆情事件。是指因面试过程让候选人体验感欠佳或是面试题目泄露等，产生的网络舆情事件。

（3）到岗率。是指面试通过的人才实质到岗人数占比，此指标在社会招聘中比较重要，能体现面试官对优秀人才的吸引力。

（4）离职率。一般统计面试通过人才的首月离职率，首月离职一般会与面试过程中未能有效评估文化适配度有关。

（5）绩优率。一般统计前半年绩优数据，如果首月和首季度绩效就表现非常优异，可以说明面试评价的有效性。

（6）晋升率。一般会跟踪候选人首年内的晋升情况，如果入职首年内实现晋升，可以说明面试评价的有效性。

（7）负向事件。一般是指面试通过的人才在日常工作中产生人员攻击行为或有自杀倾向等负向事件，这是在面试过程中对候选人的心理抗压能力评估效度不高的体现。

通过以上指标对面试效果进行复盘与评估，可以为企业实际面试工作改进提出优化和指导建议，也会为面试官队伍的培养与管理指明方向与目标。优秀精良的面试官队伍可以为企业吸引优质的人才，流于形式和缺乏管理的面试官队伍反而会对候选人心中的雇主品牌形象产生负面影响。所以，实战效果跟踪是对面试官队伍进行优化管理的关键动作。

第三章　面试前，必做岗位分析

面试前面试官要从工作内容、工作要求、工作场景等维度对招聘岗位进行具体分析。根据性质和职责的不同，可以将具有相似性和关联性的岗位划分为同一族群。例如，销售、市场、客户服务等岗位可以归类为营销族群，研发、设计、测试等岗位可以归类为技术族群，人力资源、行政、审计等岗位可以归类为管理族群。

不同的岗位族群都有自身倾向的能力素质。营销族群对候选人的人际敏感性、亲和力、宜人性、开放性等指标要求更高，技术族群对候选人的技术学习、开放创新、结果导向、质量意识等指标要求更高。因此，面试前对招聘岗位进行岗位分析是不可或缺的一环。

岗位分析需要通过完整的信息收集对岗位本身工作所需的外部条件与协调关系作出明确，并输出完成此工作所需的知识、技能等资格条件。岗位分析首先要从岗位本身出发分析岗位，不能以岗位上的人作为出发点。岗位设置和设计是由组织发展的任务需要来决定的，岗位的内外部协作关系是由组织的业务模式和业务流程来决定的。

很多企业在岗位分析前都会在内部成立岗位分析工作小组，工作小组需要梳理组织架构和业务流程并开展岗位分析的具体工作。与此同时，岗位分析小组也需要对岗位分析进程中产生的问题与冲突进行梳理，协调多方力量保证岗位分析计划顺利执行。

企业人力资源部在招聘面试过程中需要依据招聘岗位的不同来匹配合适的专业面试官，人力资源部面试官会在初面环节对候选人的基础信息和通用素质进行评估，用人部门面试官会对候选人的专业能力和岗位经验进行评价与分析。

如果部门面试官之前并未参与具体的岗位分析工作，那就需要了解岗位分析的具体框架和分析逻辑。面试官在面试候选人之前需要在大脑中把招聘岗位的工作场景系统过一遍，然后根据具体的面试标准开展面试，否则很容易产生面试效度较低的情况，以下是对岗位分析工作的概括式解析。

一、岗位分析的内容

（1）对岗位的名称、性质、任务、权责、工作对象和工作资料，以及本岗位与相关岗位之间的联系和制约方式等因素逐一进行分析和描述，并做出概括性梳理。

（2）根据岗位特点明确岗位对员工的素质要求和能力要求，提出本岗位员工应具备的具体资格和条件。

（3）将岗位分析的成果按照一定的程序和标准，以文字和图表的形式加以表述，最终制订出工作说明书、岗位规范等文件。

二、岗位分析的步骤

岗位分析是一项复杂的系统工程，必须统筹规划，分阶段、按步骤地进行。具体流程如下。

1.准备阶段

这一阶段的具体任务是了解情况、建立联系、设计岗位调查的方案、规定调查的范围对象和方法。

2.调查阶段

在这一阶段，主要任务是根据调查方案，对岗位进行细致的调查研究。在调查中，要灵活地运用面谈、问卷、观察等方法，广泛收集有关岗位的各种数据资料。如岗位工作的内容、职责、劳动负荷、绩效目标、考评机制与标准工作任务对生理与心理的要求和作业的环境等。

3. 分析、总结阶段

本阶段是工作岗位分析中的最后关键环节，它根据岗位调查的结果进行深入的分析和全面的总结。岗位分析是要对岗位的特征和要求做出全面考察，创造性地揭示岗位的主要成分和关键因素，并在深入分析和认真总结的基础上，提出岗位规范、岗位说明书等人力资源管理所需的文件。

三、岗位分析的方法

常用的岗位分析方法有五种（图 3-1）。

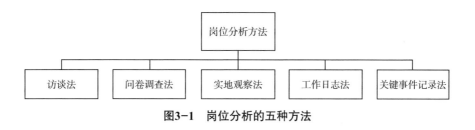

图3-1　岗位分析的五种方法

1. 访谈法

访谈法是岗位分析中大量运用的一种方法，是访谈人员就某一岗位与访谈对象按事先拟定好的访谈提纲进行面对面的交流和讨论，以获得岗位信息的一种方法。以下是通用访谈提纲。

> ✓ 请问您的姓名、部门、职务是什么？
>
> ✓ 您的直接上级是谁？
>
> ✓ 您所在岗位的主要职责有哪些？

✓ 这些职责的执行过程中遇到的主要困难和问题是什么？

✓ 完成职责过程中您认为做得好的有哪些？尚待改进的有哪些？

✓ 以上各项职责在工作总时间上分配的比例有多少？

✓ 您的主要权限有哪些？

✓ 在工作中需要与哪些部门、人员联系？联系的频率如何？

✓ 跟您联系的部门与人员配合度如何？哪些需要改善？

✓ 部门经常从哪些方面对您进行工作绩效考核？

✓ 您认为这些考核是否合理？有无改进建议？

✓ 您的哪些方面的工作绩效比较好？哪些方面比较差？

✓ 您认为要出色完成以上职责需要什么学历和专业背景？

✓ 您的工作环境怎么样？有什么需要改善的？

✓ 您工作中有哪些导致不安全的因素？需要采取哪些防护措施？

✓ 您使用哪些工具来开展工作？使用频率如何？

✓ 您参加过的企业培训有哪些？培训效果如何？

✓ 您还需要补充哪些方面的知识或提升哪方面技能？

✓ ……

访谈法的优越性在于灵活度高、控制性强，不仅可以获得语言类的信息，还能通过观察获得非语言类的行为信息，因此成功率较高，适用于企业的所有岗位。

2. 问卷调查法

问卷调查法是调查者运用统一设计的问卷，向被调查的岗位任职者了解岗位情况及任职者个人情况，由岗位任职者填写，再将问卷加以汇总、归纳，从中找出具有代表性的答案，对岗位信息进行描述的一种方法。

问卷调查法的优点在于调查范围广、灵活度高、标准化程度高、节约经费。缺点在于对被调查者的素质有一定的要求，问卷的结构性特征决定了问卷不具有弹性，通过问卷只能获得书面的岗位信息，无法了解其他情况。

3. 实地观察法

实地观察法就是岗位分析人员到现场亲自对特定对象的工作内容、工作方法、工作流程、使用工具和劳动条件等进行观察并记录，最后把收集到的岗位信息归纳、整理为符合使用要求的标准化资料，以达到岗位分析目的的一种方法。

实地观察法的优点是可以直接观察，进而使分析人员可以更全面、深刻地了解工作要求，获得信息的客观性较强。缺点是对分析人员的实际操作经验、观察比较能力要求较高。

4. 工作日志法

工作日志法就是让岗位任职者按时间顺序，通过详细记录一段时间内的工作过程，从而获得有关岗位工作信息的一种方法。

工作日志法的优点是所需费用低，对分析高水平与复杂的工作比较有效。缺点是工作执行者填写比较烦琐，记录的人为影响因素比较大，记录的真实性有待商榷。

5. 关键事件记录法

关键事件记录法实际上是一种访谈法，就是对岗位的工作任务产生显著影响的事件进行描述的一种方法。

通过对被分析员工在工作中极为成功或失败的关键事件进行分析，确定某一工作的关键特征和对员工的行为要求。具体来说，关键事件记录法包括以下四个方面的内容。

- ·记录导致事件发生的原因和背景。
- ·记录员工特别有效或多余的行为。
- ·记录员工关键行为的后果。
- ·记录员工自己能否支配或控制上述后果。

四、岗位分析结果示例

在完成信息收集工作后，岗位分析小组成员要对收集到的信息进行分析、归纳、整理，获得各种规范化的信息，从而对岗位进行描述。

岗位信息的分析是要创造性地发现岗位的关键问题，归纳总结出岗位分析必需的材料和要素，使之转化为规范化的书面文字资料，并形成岗位说明书。

每个企业的岗位说明书模板各有不同，以下是某企业岗位说明书的范本（表3-1）。

表3-1 岗位说明书的模板样例

岗位名称		岗位编号	
所在部门		职等职级	
直接上级		薪酬	
直接下级		所辖人员数	
晋升通道		轮岗岗位	
工作概述			
职责一	职责内容： 该项工作所占工作比重：_____%		
	工作联系	内部联系单位	1._____	2._____	3._____
		发生频率	经常○ 有时○ 偶尔○	经常○ 有时○ 偶尔○	经常○ 有时○ 偶尔○
		外部关联单位	1._____	2._____	3._____
		发生频率	经常○ 有时○ 偶尔○	经常○ 有时○ 偶尔○	经常○ 有时○ 偶尔○

续表

职责二	
职责三	
工作权限	
1. 职责权限	○独立负责 ○共同负责 ○协助支持
2. 业务权限	○执行 ○建议 ○参与决策 ○全权决策
3. 财务权限	○无 ○建议 ○分配调动 ○初审 ○审批
4. 考核奖惩权限（下属）	○建议 ○参与决策 ○全权决策
5. 人事任免权限（本部门）	○建议 ○参与决策 ○决策 ○审批
6. 工作安排权限	○建议 ○参与决策 ○决策 ○审批
任职资格	
1. 性别	○男 ○女
2. 年龄	_____ 岁至 _____ 岁
3. 所需学历	○高中 ○大专 ○本科 ○硕士研究生
4. 所需专业	_____ 其他说明：_____
5. 所需经验	
6. 所需技能职称	
7. 所需语言要求	1._____ 等级：___ 2._____ 等级：___
8. 所需能力	1._____ 2._____ 3._____
9. 个性特质	
10. 工作地	
11. 工作特征	工作时间： 工作环境： 工作均衡性：
12. 体能要求	
13. 使用设备	

　　如以上岗位说明书示例表格所示，岗位说明书制作完毕后，需要对以上相关内容进行具体表述。

　　面试官在面试前需要对岗位说明书进行研读，但并不是所有企业都拥有完备的岗位说明书文件基础。所以，很多企业组建面试官团队之后，需要召集面试官一同进行头脑风暴，梳理任职资格要求，这个过程就是对招聘面试标准达成共识的过程。

第四章　面好试，必看任职资格

并不是所有面试官都要具备岗位分析技巧，但面试官都必须具备对岗位任职资格与胜任力素质词条的解析技巧，否则面试评价的客观性和公平性无从谈起。

目前，华为是任职资格建设工作做得最好的企业之一。1997 年华为高层领导去英国考察，了解到英国国家职业资格认证（National Vocational Qualification，NVQ）体系对每个具体的职业都有相应的任职资格认证标准，之后就决定引入该体系。

华为作为 NVQ 在中国的试点单位，最开始在其秘书部试行建立任职资格认证体系。1998 年，华为在内部为秘书工作制定了一个标准，将其划分为五个级别，秘书要做到第四或第五级才能转岗担任管理工作。

第一级的秘书有一些基本的工作素质要求，比如，打字的速度要达到每分钟 80 个字，必须会使用 Excel，能够编辑文件和进行数据统计等，这些要求都非常清晰，公司还会定期考核他们的工作情况。

在实施级别考核制度半年之后，华为的秘书们的能力果然提高了很多，证明这套任职资格管理体系十分有效，这就有了后来的销售人员任职资格体系以及研发人员任职资格体系。

华为的任职资格管理评议内容主要分为三个模块：绩效贡献、关键能力和必备知识。

绩效贡献是指员工当前职级岗位所要求的责任结果，分为员工在当前职位的责任贡献，以及员工对组织的专业贡献，如案例、专利等。

关键能力则是评估员工承担上一职级岗位责任的能力准备度，分为能力模型和能力描述两个部分。能力模型指的是各职位专业能力的内容及各任职级别的能力要求，能力描述指的是专业能力的行为描述及达标关键点。

必备知识是获得关键能力的基础，它描述了各任职级别必备的知识、知识要点和对应学习材料及来源。

华为完善的任职资格体系明确了不同职位的任职条件，同时，不同职位的任职资格都有一整套标准以及详细说明，员工可以自己审视与任职资格标准的差距，分析不足，找出原因，不断提高绩效水平，从而达到该职位的任职资格要求。

一、任职资格解析

任职资格是指从事某一职种任职角色的人必须具备的知识、经验、技能、素质与行为之总和。它常常以胜任职位所需的学历、专业、工作经验、工作技能、能力等加以表达。

任职资格标准采用分层方式与岗位职级和个人职级相对应，既满足业务用人需求，也牵引员工能力提升，解决的是人才发展通道问题。具体来说，可将"任职资格"四个字予以拆分，拆成"任职"和"资格"进行理解。

"任职"——履行岗位职责，承担岗位任务（关键责任），有相应的成果（专业贡献），关注的是任职者"能干什么"，而不是"知道什么"。

"资格"——应该具备的资格，主要是指应该具备的知识、技能与关键能力（关键能力模型），员工能否承担某一等级的职务（岗位），取决于承担者本人的资格与能力。

关于任职资格与胜任力模型的关系，有人说任职资格是"冰山"以上部分，胜任力模型是"冰山"以下部分，任职资格关注的是某个岗位的基本要求，胜任力模型侧重胜任此岗位并能带来高绩效的特性。

也有人说两者是包含关系，即任职资格的构成要素要比胜任力模型的构成要素更广，包含了胜任力模型的内容（能力素质），胜任力模型是任职资格体系中的一部分，而且是关键的一部分。

笔者认为两者属于交融关系，要看不同公司在任职资格体系搭建过程中对胜任力素质维度描述的颗粒度。

如果在任职资格搭建过程中就直接引入高绩效管理的理念，通过分析绩优人员和绩普人员的胜任素质差异项来撰写岗位任职资格中的素质要求一栏，那任职资格和胜任力模型就为隶属关系。

如果企业在任职资格体系搭建过程中，只是对候选人履职岗位应具备的基本能力做描述，并未从高绩效导向的角度来描述候选人任职要求，那两者就属于相互联系但相对独立的关系。因为此时的任职资格更注重基本履职能力的分析，并未对产生高绩效的关键能力项进行重点描述。

二、任职资格在面试中的应用

华为的任职资格管理体系在人才的"选用育留"等多个方面都起到作用，在人才选拔方面，任职资格就像一本"驾照"，有了驾照才能开车上路。只有达到任职资格，才有机会担任职位。

面试官在面试候选人之前，要基于任职资格条件对候选人的基本信息进行识别与筛选。对候选人的学历、学校、专业、工作年限、管理年限都要依据任职资格条件进行适配，基础硬性条件通过后，再依据素质要求对候选人的潜在能力进行识别与评价。

华为也根据不同层级岗位的任务要求，对基层员工、业务骨干、基层管理者、业务专家、职能管理者、商业管理者都提出了具体的能力素质要求。

- 基层员工首先要具备责任意识、创新精神、敬业精神与团结合作精神。其次应具备岗位所需的基本技能，在公司的各职能工作中发挥作用。
- 业务骨干要具备较高的专业技术素养和较丰富的专业知识储备，能够牵头完成公司赋予的研究开发、技术革新、安装部署等任务，也能够胜任一定的技术管理工作。
- 基层管理者要具备一定的管理技能和技术技能，熟悉分管领域的任务要求、工作职责，能够较好地规划、安排生产任务和工作任务，保证工作实施的进度和质量。具备较高尚的人格魅力、较强的协调能力和应变能力，能够及时协调、处理好职责范围内运营、技术等方面的问题。

- 业务专家要具备极高的专业技术素养，学术态度严谨，逻辑思维缜密，能够较好地引领科技团队，完成公司赋予的产学研任务。同时，具有较强的全局意识、大局意识，能够与公司其他部门积极沟通、配合，将各部门的力量整合、转化为公司的创新力、生产力。
- 职能管理者要具备由外而内的思维、战略思维、专业洞察力、协作与影响力。具备较强的企业经营意识、组织协同意识，能够有效协调资源，优化内部运作。
- 商业管理者要具备与积累全面经营管理的跨领域管理和客户关系管理的经验，并且能持续提升战略思维、组织建设能力，以驱动组织进一步发展。要具备强烈的竞争意识、开拓意识，能够开创业务新局面。

针对不同的岗位，其任职资格是不同的，唯一不变的标准是个人的能力和贡献要满足岗位的要求。不同的岗位面临的挑战不同，要根据岗位的特点和职责要求，设定人才标准，量才定岗，这样才能提高人岗匹配度。

第五章 选好人，必懂胜任力模型

20世纪50年代初，哈佛大学教授戴维·C.麦克利兰博士应美国国务院邀请，帮助设计了一种能够有效预测外交官实际工作业绩的人员选拔方法。在项目中，麦克利兰博士应用了以岗位胜任潜质分析方法为基础的一些关键理论和技术，抛弃过往以人才预设条件为前提，从第一手材料出发，对工作表现优秀与一般的外交官的具体行为特征进行比较分析，进而识别出能够真正支撑高绩效产出的个人潜质。

因此，麦克利兰博士为美国政府建立的驻外联络官素质模型中包含三种核心素质：①跨文化的人际敏感性；②对他人的积极期望；③快速进入当地政治网络的能力。

1973年，麦克利兰博士通过引用大量的研究，发现滥用智力测验判断个人能力的不合理性，并进一步说明人们主观上认为能够决定工作成绩的关于人格、智力、价值观等方面的因素，在现实中并没有表现出预期的效果。

终于，麦克利兰博士在一篇名为 *Testing Competence rather than intelligence* 的文章中首次提出胜任力模型概念，他把直接影响工作业绩的个人条件和行为特征称为胜任素质。

一、胜任力模型解析

胜任力是一种可以测量的综合指标，是以能被认知的工作活动为基础并对其外化的行为进行归纳和总结的具体行为。胜任力是与高绩效强相关的知识、技能、特质等指标，并不是所有与岗位相关联的指标都会被称为胜任力。

我们把驱动个体在情境中产生优秀工作绩效的各种个体特征的集合称为胜任力模型。胜任力模型有四个重要特征。

（1）与岗位绩效相关，胜任力的落脚点是绩效，行为对绩效有预测作用。

（2）胜任力的本质是个体潜在的深层次特征。

（3）胜任力的表征形式是可观察、可测量的工作行为，与任务情景相联系，具有动态性。

（4）能够显著地区分工作业绩优秀者与一般者。

胜任力是经由学习逐渐发展成熟的，并非是完全与生俱来的，且胜任力是会改变的，社会环境和个人内在的心理环境的改变都在影响胜任力的具体展现形式。基于岗位的胜任力模型一旦被确定，企业就可以通过培训等方式促使其员工进行学习，以达到胜任力模型的要求。

二、构建胜任力模型的方法

构建胜任力模型常用的建模方法有两种：自下而上与自上而下。其中，自下而上的建模方法包括行为事件访谈法、标杆对照法等。自上而下的建模方法包括专家逻辑推导法、战略演绎法、问卷调查法等，目前最常用的是自下而上的行为事件访谈法与自上而下的战略演绎法。

1. 行为事件访谈法

行为事件访谈法是区分两种不同工作职务差别最灵活的方式。使用这种方法研究胜任素质是因为对于哪些人优秀、哪些人平常，人们通常有共同的态度，但对于哪些特质使他们优秀，人们的观点却是不一致的。所以需要对目标群体中高绩效者与一般绩效者在工作中表现出的不同特质，进行挖掘并归纳出实现高绩效所需要的个人素质。

行为事件访谈法可以在有限的时间内全面、深入地了解被访谈者，挖掘大量有价值的信息，以揭示具体胜任素质。但行为事件访谈法也存在着一定的局限性。在访谈过程中，对不同访谈者之间如何更好地保持一致性，而不掺杂主观因素影响，是需要进一步探讨的问题。

2. 战略演绎法

战略演绎法主要从企业核心价值观和战略目标等方面推导出目标群体所需要具备的素质，对这些素质进行整理加工后形成胜任力模型。战略演绎法主要包括战略文化演绎分析、高管访谈、头脑风暴法、焦点小组讨论和卡片建模法等。

市面上最常见的战略演绎法是卡片建模法，大多以"焦点小组访谈＋卡片建模"相结合的方式而展开。"焦点小组访谈"可以是绩优者也可以是高管和相关领导，与高层领导组织一场"恳谈会"，高层领导各自提出对相关层级人员的要求，各自提出自己的观点，并在观点碰撞中逐步提炼和升华，这种方法又可以称为小规模的"战略研讨会"。

卡片建模法一般利用咨询公司成熟的胜任力词典库，通过管理人员访谈和工作分析，梳理对目标人群的能力要求。卡片建模法效率较高，但较依赖咨询顾问的经验积累和能力素质词典的丰富性，产出的成果比较具备通用性，一般缺少企业特色。

三、基于胜任力设计面试

基于胜任力的面试就是在面试过程中全程都围绕胜任力而展开。面试前的面试官培训、面试中的胜任力等级评价、面试后的胜任情况分析与评语撰写，都是围绕胜任力展开的。

这样就对面试设计者和面试官提出了较高的要求，其需要对招聘岗位有清晰的了解并且能够精准捕捉胜任力对应的正向行为表现和负向行为表现。基于胜任力的面试一般有以下特点。

1. 岗位具有针对性

不同的岗位有不同的胜任力模型，同样的胜任力由于应用场景的不同，其具体的词条描述和行为表现都不同，对面试官的要求也不同。所以基于胜任力而展开的面试需要针对具体岗位而展开，结合岗位的实际情况而进行设计。

2. 面试形式多为半结构化

结构化面试题本固定，形式比较呆板。非结构化面试大多由面试官自主主导面试进程并进行提问，其面试过程存在高度的不确定性。因此，基于胜任力的面试大多采用半结构化形式。

3. 大多以行为性问题为主

考察胜任力最好的面试问题就是行为性问题，采用 STAR 面试法对候选人过往所经历的具体挑战和解决方案进行挖掘和针对性分析，过去的行为是对未来的最好预测，候选人过往的行为习惯会存在相对的稳定性，尤其是年龄较大的候选人，除非环境发生骤变，否则很难发生大的变化。

四、胜任力模型的具体实例

1. IBM 的三环领导力模型

IBM 用一个三环模型来阐述自己公司对于领导者的要求，对事业的热情（passion for the business）处在环心，致力于成功（focus to win）、动员执行（mobilize to execute）和持续动力（sustain momentum）这三大要素围绕环心运转（图 5-1）。

（1）对事业的热情。IBM 认为杰出的领导者对事业、对市场，以及为

图5-1 IBM的三环领导力模型

客户提供服务要充满热情，对事业的热情指标包括以下几点。

①充满热情地关注市场变化，能够描绘出一幅令人振奋的 IBM 未来蓝图。

②接受企业的现实，但又要以乐观自信的方式对环境作出反应。

③表现出对改造世界的技术潜力的理解。

④表现出对 IBM 解决方案的兴奋感。

（2）致力于成功。IBM 以三大要素来考察领导者是否致力于成功，它包括以下几点。

①对客户的洞察力，指的是设计超越客户预期的增值方案，站在客户和 IBM 的角度看企业，努力满足客户的基本需求和对未来的需求，以解决客户遇到的问题为己任。

②突破性思维，指的是能突破条条框框，不受传统束缚，在复杂的环境中积极开拓并寻求突破性的解决方案，开发新战略使 IBM 立于不败之地。

③渴望成功的动力，指的是能够设立富有挑战性的目标，能够经常寻求更简单、更快、更好的解决问题的办法，在工作过程中不断改变，以取得更好的成绩，将精力集中于对业务影响最大的事情上。

（3）动员执行。所谓杰出的领导是否能够动员团队执行，以达到目标，可以从四个要素进行考察。

①团队领导力，指的是创造一种接受新观念的氛围，使领导风格与环境相适应，传达一种清晰的方向感，使组织充满紧迫感。

②直言不讳，指的是建立一种开放、及时和广泛共享的交流环境，建立与 IBM 政策和实践相一致的商业与道德标准，使用清晰、平实的语言进行沟通。

③协作，指的是具有在全球、多文化和多样性的环境中工作的能力，在IBM全球分公司内寻求合作机会，拓宽信息来源，以做出更好决策。

④决断和决策能力，指的是在信息不完整的情况下也能果断行动，能够根据清晰而合理的原因邀请其他人参与决策过程。

（4）持续动力。判定所谓杰出的领导者是否能为组织带来持续的动力，其有三条标准。

①发展组织能力，指的是调整组织的流程和结构，以满足不断变化的要求，鼓励比较和参与公司以外的信息来源，以开发创新性的解决方案。

②指导、开发优秀人才，指的是提供有建设性的工作反馈，积极、真实地向他人表达对其潜能的期望，以发掘他人的最大潜力，帮助他人学会如何成为一个有效的领导者。

③个人贡献，指的是所做的选择和确定的轻重缓急与IBM的使命和目标相一致，持续学习与本职工作有关的专业和技术知识，帮助他人确定复杂情况中的主要问题，为满足IBM其他部门的需要，输出自己的关键人才。

2. 通用电气"4E+1P"领导力模型

通用电气公司（GE）前CEO杰克·韦尔奇提出过"4E+1P"的领导力素质模型（图5-2）。

第一个E是指充沛的精力（energy），是指领导者拥有巨大的个人能量，对行动有强烈的偏爱，干劲十足。所谓充满活力，意味着不屈服于逆境，不惧怕变化，能够不断地学习，愿意积极挑战新事物。

第二个E是指能够激励（energize）别人实现共同的目标，是指激励和激发他人的能力，能够活跃周围的人，善于表达和沟通自己的构想与主意。

第三个E是指有决断力（edge），能够对是非问题做出坚决的回答和处理，指的是一种竞争精神、一种内在的驱动力，拥有坚定的信念，敢于提出困难的主张，以及有勇气做出艰难的决定。

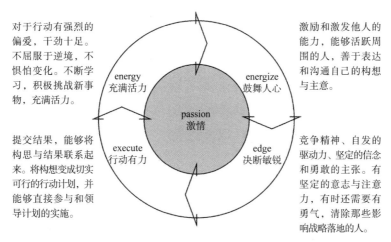

对于行动有强烈的偏爱，干劲十足。不屈服于逆境，不惧怕变化。不断学习，积极挑战新事物，充满活力。

激励和激发他人的能力，能够活跃周围的人，善于表达和沟通自己的构想与主意。

提交结果，能够将构思与结果联系起来。将构想变成切实可行的行动计划，并能够直接参与和领导计划的实施。

竞争精神、自发的驱动力、坚定的信念和勇敢的主张。有坚定的意志与注意力，有时还需要有勇气，清除那些影响战略落地的人。

energy 充满活力

energize 鼓舞人心

passion 激情

execute 行动有力

edge 决断敏锐

图5-2 通用电气"4E+1P"领导力模型

第四个 E 是指能坚持不懈地执行（execute）他们的承诺，是指能够将构想变为现实，将构想变成切实可行的行动计划，并且能够直接参与和领导计划的实施。

最后，P 是指激情（passion），是指对工作有一种衷心的、强烈的、真实的兴奋感。充满激情的人能够带动他人的激情，以及特别在乎别人，比如，发自内心在乎同事、员工和朋友们。

解析篇

第六章　求职者角色解析

　　大部分求职者在面试过程中都由于不自信、紧张、期望过高等心理，把自己的角色置于较低的位置，这样的心理状态就让求职面试演变成真正的"求"职面试了。

　　面试过程实际上是相互适配的过程，本就应该是平等的。但由于就业市场存在岗少人多的现象，供需失衡就导致数量多的一方处于弱势位置。又因为求职者都想实现高质量就业，因此当求职者面对高质量岗位的面试机会时，内心就会产生紧张心理。

　　求职者为了获得自己心仪的工作，大多会在面试过程中对自己的个人简历、工作能力和实践经历进行美化，美化动作我们称为"作伪"，低程度作伪叫美化，高程度作伪叫弄虚作假。要想在面试过程中识别候选人的真实能力，就要对候选人的求职心理和作伪行为进行认知，这样才能提升整体面试效果。

一、求职者的心理解析

图6-1　求职者常见的七种面试心理

1. 过高期望

关于价值定位有两种，一个是自我定位，一个是市场定位。很多求职者都在价值定位上缺少市场视角，不能清晰地了解自身经验和技能在求职市场中处于什么样的位置，于是让自身价值定位缺少锚点，就会产生自我定位虚高或者过高的情况。

大多人都会肯定自身的优秀，较少有人会承认自身的不足，而自我认知的客观性在求职市场中是一种极为稀缺的品质。这代表候选人有市场思维，有客观自我分析的意识。

过高期望代表求职者因为自我认知的客观性缺失导致的自身求职诉求大于市场价值回报，这样略显自我感觉良好和带有泡沫属性的求职心理并不可取。

真正的自信是经过客观审慎的自我分析后的自我鼓励和自我认可，盲目自信不等同于真正的自信。求职者在求职过程中把自身更多自信的一面展示出来，其内心情感和行为动机可以被理解，但不可过度。

2. 自卑心理

面对充满不确定性的社会环境，面对人工智能（AI）技术逐渐取代人工的时代，当前不再有人敢保证自身拥有的技能足够硬核，时刻保持谦逊和清醒的自我认识非常有必要。

在求职面试过程中，很多时候会出现人多岗少的情况，这种情况下原本自信满满的候选人面对优秀竞争对手的压力，也不再保有原本的满格自信。

自信的反面是自卑，但是自信和自卑之间还有一个过渡状态，这就是不卑不亢。当候选人处在高压面试状态下时，要想保持不卑不亢的面试状态，需要候选人有较强的心理素质。

自卑是一种主观上过低评价自我的不良心理。自卑的实质是对自己和自己所处的外界环境产生了不正确的认识，单凭自己的主观判断去确定自己是否能做某件事，从而形成了自己看轻自己的被动心态。

尤其在很多候选人学历不是很高的情况下，往往会出现学历自卑的情况，但优质的经历远比学历更重要，企业需要的是候选人解决问题的能力，而不是一纸学历。

候选人不能一味拿自身的短板去和对方的长板比，这样的对比逻辑只会让自己越来越不自信。而是应该深度分析自身的能力长板，并利用自身的长板去获得面试过程中更多的优势。

不自信的情况在面试中经常会出现。面试过程中，大多时候面试官会处于上位，候选人会处于下位。如果此时面试官再无节制、无尺度地给候选人进行压力面试，很容易出现候选人泪洒现场的情况，这也是对面试官的面试礼仪和面试技巧提出合理要求的缘由。

3. 公平心理

公平是"90 后""00 后"在就业过程中非常看重的雇主品牌特质，企业如何给员工提供公平的就业环境和职业发展路径，直接影响员工对企业的好评度和好感度。

公平竞争本就是市场机制的体现，但市场竞争并不能给所有人带来每个人都想要的公平。今天，面对国际局势震荡、国内经济波动、技术变革的外部形势，每个岗位的社会价值和市场需求环境都在变化，没有任何人和任何岗位的市场价值是恒久不变的。

公平诉求尤其体现在员工求职的薪酬期望上。在社会招聘场景中，求职者都想高薪就业。当新的雇主随行就市开出的薪酬低于员工的过往薪酬，求职者自身的公平感诉求就会被激活，感觉自己的价值有被低估。

任何人都希望通过高质量就业来满足自身对美好生活的向往，但当求职者以公平主义来争取脱离市场行情的就业薪酬时，面试官就要在面试过程中对候选人的岗位理解力和对自身价值的合理判断力进行分析并做出反馈。

4. 羞怯心理

并不是所有候选人都能够在面试过程中大胆表达自身的优点，也并不是所有的候选人都能客观讲出自身的不足。羞怯是人际交往过程中的一种心理现象，主要是由于没必要的担心和焦虑引起的。

具有这种心理的人通常害怕他人的目光，认为他人是在审视自己，进而使自身在心理和行为上都表现出回避、退缩或紧张的行为动作。

羞怯有些时候会让面试官感受到候选人有些畏首畏尾，不够阳光、不够自信。如果公司招聘的是业务拓展类岗位，这样的候选人基本上就不在考虑范围内了。

如果公司招聘的是业务助理类岗位，需要候选人具备细致入微的执行力和责任心时，面试官是要对候选人的心理进行适当的疏导和解压，然后对候选人的真实能力进行评估，避免错失每一位优秀的候选人。

5. 盲目跟随

盲目跟随也就是从众心理，是一种普遍存在的社会心理现象，具体是指个体的思想或是行为因为受到确实存在的或是想象存在的社会群体压力的影响，而采取与大多数人一致的行为或变化的现象。

大家都说考公务员好，很多人就扎堆去考公务员；大家都说外企工资高，很多人就一门心思想进外企拿高工资。这就是所谓的盲目跟随现象。

并不是每个候选人都能清晰知晓自身的优点和长板，于是就跟随着大多数人的选择。自己也并没有认真评估求职岗位和自身能力素质的适配性，这种盲目求职的状态在面试过程中屡见不鲜。

面试官要优先选择那些对自身职业规划有清晰认知的候选人，这种盲目跟随的求职者很容易在入职后因为各方面的不满意而轻易选择离职。

6. 急功近利

每个人追求的职业理想不一样，有的人为了使命而奋斗，有的人为了生存而奋斗。当职场人有足够的职业经验和物质积累后，就更愿意在后续的职业生涯中追求一定的社会价值，这是优质候选人社会责任感的体现。

当面试官面对急功近利的求职者时，要客观冷静地分析这样的求职目标是否清晰且合理，当企业岗位能够满足候选人的发展需要时，候选人是否愿意长久地和企业合作共赢。当企业无法满足候选人的发展诉求时，候选人是否会轻易选择离开去寻找更优质的发展机会。急功近利的候选人往往对组织忠诚度不高。

7. 患得患失

患得患失的相似表现就是犹豫不决，尤其在面试中后期，企业对候选人的基础能力和专业技能都评估通过之后，需要双方在未来发展前景角度进行适配时，双方会在薪酬谈判与其他激励措施方面进行沟通，这个沟通的过程就非常考验候选人的战略决策眼光。

每个人在重要决策时所表现的决策风格不一样，有的人会更果断，有的人会更犹豫。其背后的决定要素就是决策主体是否能够清晰地知道自身看重的是什么，风险与收益是共存的，没有一个决策可以兼顾低风险和高收益，这违背基础的价值逻辑。

当进入面试后半程时，当面对患得患失、优柔寡断、久久不能决策的候选人时，面试官一定要了解这种心理现象的成因，大多数关于决策的思考本质上都是在做收益与风险分析。但这个时候也是判断候选人战略眼光和战略魄力的时候，如果是高管理职权、高领导力要求的岗位一定需要候选人具备战略魄力。

二、求职者的作伪行为

1. 概念解析

Snell, Sydell, & Lueke（1999）认为应聘者作伪行为的影响因素可以分为两个类别：作伪能力与作伪动机。作伪能力是指被试者的一般能力（智力）、经验及面试本身的特点。作伪动机则是受人口统计学特征和人格倾向等因素影响。与此相似，Julia Levashina 和 Michael A. Campion（2006）提出的面试作伪因素模型认为作伪是能力、意愿和机会三者的函数。

应聘者试图影响面试官，面试官也对应聘者作出响应并试图影响他们，因此大家都会使用印象管理。面试官所使用的印象管理最终能影响应聘者对组织的感觉（如组织威望），以及应聘者的积极情感和感受（如面试自我效能感），而这些因素反过来也会影响到应聘者的印象管理行为。

2. 行为种类

根据 Julia Levashina 和 Michael A. Campion（2006）的研究结果，面试作伪行为按照印象管理的策略划分成四个维度——轻微形象塑造、全面形象塑造、形象维护和逢迎（图 6-2）。

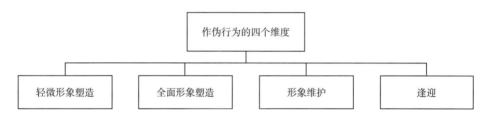

图6-2　求职者作伪行为的四个维度

（1）轻微形象塑造。

轻微形象塑造最多就是工作内容美化和工作绩效美化，本是执行类的工作偏要着重突出执行过程中的业务管理职能，本是任务管理类的工作偏要着重凸显任务执行过程中团队搭建职能。

这样的形象塑造一定程度上也可以理解，简历和面试毕竟具备一定的靶向性，候选人为了获得目标岗位的工作机会，一定会着重突出自身与岗位要求相匹配的个人特质，动机本身也是求职意愿的一种表达。

大多时候轻微形象塑造的具体表现形式是在自己原有形象的基础上进行一系列的美化、粉饰、裁减、提高符合程度等行为来给面试官留下良好印象。比较多的是把自己轻度参与的工作表达为重度参与，把普通绩效成果表达为高绩效成果，弱化团队绩效产出强化个人绩效产出等，以上都可以称为轻度形象塑造。

（2）全面形象塑造。

当候选人从美化简历文字和优化面试语言转到脱离客观事实进行刻意编造，这样的行为就已经不再属于轻微形象塑造。求职者通过实施建构、编造、借用信息等行为而给面试官留下良好求职者（所应聘岗位）的形象，是程度较深的形象创造行为。

全面形象塑造是不可以接受的，其本质是已经开始弄虚作假、胡编乱造。目前面试过程中出现最多的就是隐藏时间短的工作经历，进而塑造某段工作经历时间长和岗位经验扎实的形象。并不是每一个公司都会对候选人过往所有的工作经历进行背调，大多公司会背调候选人过往一段或者两段工作经历。因此，就增加了候选人个人履历美化的机会。

除了个人履历美化，候选人也会对过往工作内容进行虚构，大多数候选人虚构的工作经验都是听过、见过，但没有深度参与过，目的是在面试过程中给面试官留下好印象，以向面试官证明自己的工作能力可以胜任此岗位，但等真的到岗之后，其实际工作能力表现会大打折扣。

全面形象塑造的候选人一定要在面试过程中进行深度挖掘，要让候选人对过往工作内容进行细节性语言描述来识别其相关信息是否真实。

（3）形象维护。

形象维护是弱化自身的短板，着重突出自身长板的个人行为，从候选人端出发是可以被理解的，但从雇主端出发，这恰恰是面试过程中风险管理的要点。

短板的不可控会导致未来产生冲突时，团队成员的协作关系变得异常紧张，甚至会出现攻击行为，而这也是组织内耗的来源。例如，求职者不会表现出与工作相关但自身不具备的特质，不讨论岗位要求但自己没有从事过的工作技能和经历，这种避重就轻的信息遮掩行为就是形象维护的表现。

（4）逢迎。

逢迎是求职者表达面试官或组织所提倡的观点、态度和价值观，而非自己真实的观点。逢迎的目的是让自己更大可能地获得面试官的支持和喜好，这是一种刻意讨好的行为。

例如，求职者会根据面试官的提问态度和问题导向来反馈自身观点，对面试官提到的事情表现出极大的热情和兴趣，对面试官的观点和看法表示赞成，避免表达与面试官观点相冲突的看法，更多表现出自己与面试官持有相同观点的态度。

3. 控制策略

作伪会严重影响面试效度，因此要采取具体措施来对求职者的作伪行为进行控制。

（1）事前控制。

面试官在面试前可以采取必要的流程设置和题本设置来对作伪行为进行控制，目前被较多采用的是事前警告、提高面试的结构化水平和多采用行为描述面试法。

事前警告指的是在面试指导语中加入"本次面试有成熟的技术识别虚假反应，请如实回答面试中的提问"的警示语，会大大降低求职者的夸大反应，也会降低作伪人群的比例。

提高面试的结构化水平指的是面试流程结构化、面试题本结构化，非结构化提问会增加求职者的作伪机会。求职者基于面试官提问的问题本身和提问方式来制订自身的答题策略，面试的结构化程度越高，就越能减少求职者作伪机会。

行为面试法是基于求职者过去的行为表现来预测候选人未来的行为表现，底层逻辑是"过去行为是未来类似情境中行为表现的最好预测指标"。求职者过去的行为是历史性、客观性、外显性的，因而不易作伪。因此，面试官持续对候选人的行为细节进行追问会对求职者的作伪行为有明显的管控作用。

（2）事后控制。

事后控制是指在面试之前或过程中对求职者的作伪行为不进行干涉，等完成面试后再采用一定的技术手段来测量和识别作伪行为。自 1917 年第一个人格测验开发以来，测评专家就对人们是否诚实回答测验问题产生了怀疑，并在 1939 年开始对作伪行为进行研究，之后借助外部量表来测量作伪的方法逐渐获得了更多人的接纳。

面试作伪识别量表的原理是在人格测评量表中嵌套作伪识别量表，求职者得分代表其作伪程度。作伪识别量表主要包括社会称许性量表和其他的作伪识别指标两种，其中社会称许性量表是目前使用最广泛的作伪识别量表，其作用不仅可以帮助人们识别出作伪者，而且可以通过偏控制法或减法去除人格测验分数中的作伪成分，获得被试者真实的特质分数。

第七章　面试原理解析

面试技术的专业性体现在面试标准化程度上，标准化内容包括岗位描述、任职要求、胜任素质、面试设计、提问技术、行为观察和结果评价等。企业在对岗位描述及人才要求上的结构化表达还有很大的提升空间，这也是面试技术存在且需要持续练习的专业价值所在。

标准化指的是企业本身为了达成战略目标，设置什么岗位，招聘什么人都要进行明确的画像描述。岗位画像是对岗位进行精细化分析，人才画像是对岗位任职条件进行精细化分析，画像的过程就是达成共识的过程，共识性结果一定要进行结构化表达，这样的过程就是企业面试官体系搭建的基本工作。

面试的目的是基于岗位要求，筛选出合适的候选人，并为候选人未来在工作岗位上可能贡献的个人绩效做出前置化保证。评估面试技术在企业中应用效果的维度并不是单独分析人才到岗率，还要对候选人到岗后绩效达成率进行分析，人岗匹配度的效果评估需要用候选人绩效表现来佐证，候选人的绩效表现和面试官面试评语的一致性才是面试技术应用效度的具体展现。

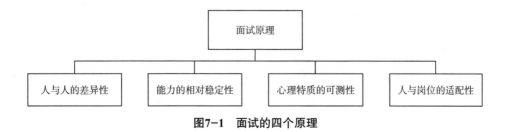

图7-1　面试的四个原理

对面试技术进行熟练掌握的前提是对面试原理（图7-1）进行理解，面试原理是对面试运行过程的技术支撑，只有深度分析并理解其原理，方能对面试技术进行落地性应用。

一、人与人的差异性

希波克拉底为古希腊伯里克利时代的医师，被西方尊为"医学之父"。公元前5世纪希波克拉底根据人体内的4种体液（即血液、黏液、黄胆汁、黑胆汁）的占比不同对人的气质进行分类，这就是著名的"体液学说"。

他把人的不同气质分为性情急躁、动作迅猛的胆汁质；性情活跃、动作灵敏的多血质；性情沉静、动作迟缓的黏液质；性情脆弱、动作迟钝的抑郁质。

1978年，由塞缪尔·休斯顿博士、杜德利·所罗门博士和布鲁斯·哈比领导40余位行为科学家完成行为特质动态衡量系统理论研发，即现在大家所熟知的行为特质动态衡量系统（PDP）性格测试。

PDP根据人的天生特质，将人群分为五种类型，包括支配型、外向型、耐心型、精确型、整合型。为了将这五种类型的个性特质形象化，根据其各自的特点，这五类人群又分别被称为"老虎""孔雀""考拉""猫头鹰""变色龙"。

纵观人类的历史，对于人的研究有众多理论，包括九型人格、MBTI测评等，这些都是非常经典的分析人的工具。

人与人的差异性是心理学研究的底层动因，森林中没有两片相同的树叶，双胞胎也会有其自身独有的气质与行为风格。这让众多心理学家开始对人的智力、气质、行为风格进行研究与分析，并总结出各种分析框架和理论。

在面试中，我们通常用很多描述词来描述人与人的差异程度，优秀、良好、及格是等级描述词，优、良、中、差也是等级描述词，好、较好、一般、差、较差也是等级描述词。面试官执行手册中，如何对面试指标进行等级区分和等级描述，都是基于人与人的差异程度而展开描述的。

不同公司在面试过程中对劣汰和择优的人才评价关注点也不一样，差异是量化的前提，如何用量化数据来描写差异化，这是真正体现面试官的专业价值的地方。

二、能力的相对稳定性

美国心理学家雷蒙德·卡特尔把智力的构成区分为流体智力和晶体智力。

流体智力是一个人生来就能进行智力活动的能力，即学习和解决问题的能力，它依赖于先天的禀赋，随神经系统的成熟而提高。如知觉速度、机械记忆、识别图形关系等。

晶体智力是指通过掌握社会文化经验而获得的智力，如词汇概念、言语理解、常识等记忆储存信息的能力，一直保持相对稳定。

流体智力是与晶体智力相对应的概念，流体智力随年龄的老化而减退。而晶体智力则并不随年龄的老化而减退，晶体智力主要指学会的技能、语言文字能力、判断力、联想力等。

概念性学习更依赖我们的流体智力，经验性学习更依赖我们的晶体智力，晶体智力是一种相对稳定的智力结构，它并不会因为年龄的增长而降低。

我国唐代韩愈在《进学解》中写到"业精于勤、行成于思"，讲的是我们的行为是由认知决定的。认知结构一旦形成，其行为特征就会具备一定的稳定性，要想改变一个人的行为决策，前提是要改变这个人的认知结构。

因此，在人才评价过程中，我们会重点识别候选人在过往职业经历中是否拥有高价值的个人成就事件，原因就在于高价值的成就事件背后有其一系列的优秀行为习惯和正确决策。

失败并不一定是成功之母，但成功一定有成功的逻辑和成功的经验。所以能力的相对稳定性也是我们实施面试技术的底层依据所在。

三、心理特质的可测性

1884 年高尔顿成立"人体测量实验室"，这是心理学历史上第一个人体测量实验室。1890年卡特尔发表《心理测验与测量》一文，这是心理学历史上首创"心理测验"这个术语。1905年比奈—西蒙发布"比奈—西蒙智力量表"，这是心理学历史上第一个智力测量量表。

1937年美国心理学家奥尔波特首次提出了人格特质论，这使他可以运用客观观察、主观问卷等方法，在具有一定客观性的基础上，直接从测量上了解和研究个体本身的行为特点，以区分人与人之间的人格差异。

而今，心理学测评量表已经成为市场化工具和产品，国际与国内各类人才测评公司都把自身拥有的心理学测评量表进行产品化、市场化。很多企业也在其组织内部设立人才评价中心，例如，阿里巴巴、中国平安等各大集团。

尽管人的心理是无法直接观测的，但它总会通过人的行为反映出来。我们可以通过人对外界刺激的反应来间接测量心理，大量的面试实践表明，面试结果既具有一致性，又具有准确性，这说明人的心理活动是可以通过间接测量来观测的。

四、人与岗位的适配性

技术引领时代，时代定义企业，企业需要人才，人才运用技术创造未来。例如，AI时代会对企业的核心经营能力提出新的定义，全面拥抱AI的企业就会迅速招聘拥有AI技能的人才。如何提升人岗适配度是人事管理中非常有价值的研究课题。

人岗适配性是基于岗位任职要求和人才能力之间的适配程度进行分析。适配性通常分为三重适配，分别是文化适配、风格适配和能力适配。三重适配原则也是我们在面试过程中进行人才评价的分析框架。

第八章　面试类型解析

面试官需要掌握不同类型的面试工具，针对不同能力，其最佳面试方法也不同，智力评价更倾向于使用智力测验量表，情商评价更倾向于使用角色扮演法，结构化思维更倾向于使用案例分析法，抗压能力更倾向于使用压力面试法。

每个能力维度都有其适宜的面试方法，提问与追问技术在面试过程中固然重要，但不是万能技术。提升面试官的提问、观察、评价技巧是面试官队伍能力建设的主线，但面试工具的使用才是面试执行的基石。

要想了解面试工具的分类，就要了解评价中心这一概念。按照芬科尔（Finkle，1976）的定义，评价中心是为组织判断和预测那些与组织工作绩效目标相关联的个体行为所进行的一系列标准化活动程序。

1929年，德国心理学家建立了一套用于挑选军官的多项评价程序，这就是评价中心的起源。评价中心技术集合了现代心理学、管理学、计算机科学和认知科学等学科领域的科研成果，综合各种工具对候选人的能力、性格、动机和价值观进行系统评价的技术。

一、从结构化程度看

根据面试的结构化程度，可以分为结构化面试、半结构化面试和非结构化面试三种。

（1）结构化面试。结构化面试指的是考官人数、考官角色、面试题目、面试程序、评分维度都按照统一标准执行的规范化面试。

（2）半结构化面试。半结构化面试指的是部分面试题目、面试程序、提问人员和提问时间进行规范化规定，剩余面试时间由考官小组结合面试要求和候选人现场表现进行灵活设计的面试。

（3）非结构化面试。非结构化面试指的是对与面试有关的任何要素都不做任何规定的面试，面试题目、面试流程、面试时间均由考官现场灵活制定，也就是没有任何规范的随意性面试。

二、从对象多少看

根据面试对象的多少，可以分为单独面试和小组面试两种。

（1）单独面试。单独面试是指一次面试一个候选人，大多出现在社会招聘高层领导人员和稀缺性技术岗位人才场景中。由于与高端岗位适配的候选人基数本身就少，于是此类面试一般会对候选人进行较长时间的面试考核与交谈，目的是让面试评价能够更深入。

（2）小组面试。小组面试是同时面试多名候选人的过程，无领导小组讨论就是标准的小组面试，小组面试是通过同一时间对同一群体执行同一场景的面试，通过观察小组内成员表现的差异化来对个体与岗位之间的适配度进行分析与评价的过程。

三、从压力指数看

根据面试的压力程度不同，可以分为压力面试和非压力面试。

（1）压力面试。压力面试是指让候选人回答具有挑战性、非议性、刁难性的问题，通过持续追问并有意对候选人回答进行质疑与否定，以此向其施加压力，并逼迫候选人表现出自身的机智性、灵活性、抗压性、应变性、攻击性和情绪稳定性的面试方法。

（2）非压力面试。非压力面试大多存在于具体基层执行类岗位面试当中，压力面试更多处于业务类、管理类，或是高压作业类岗位面试中。非压力面试考察的重点侧重于候选人本身的知识、技能以及与岗位相关的经验，应用场景更适用于对候选人本身的抗压素质和能力内核要求不是很高的情形。

四、从提问性质看

根据面试的提问性质，可以分为情境性面试和行为性面试。

（1）情境性面试。情景性面试是通过给应考者创设一个假定的情境来考查其在具体情境中如何分析问题并解决问题的面试方法。情境性面试的关键在于面试场景要与岗位工作场景相关，不建议使用非业务相关的虚构场景来观察候选人的能力特质。而且要保证情境性问题对候选人具备基本的可理解性，不能以明显高于岗位要求和超出候选人知识范畴的虚拟情境来考察候选人的能力特质。候选人对情境的理解程度会直接决定自身的分析逻辑与行为决策的有效性，可观测行为的真实性才是预测候选人未来绩效表现的评价依据。

（2）行为性面试。行为性面试是通过问询候选人过去的行为表现来预测其在未来的行为表现，进而做出招聘决策的面试方法。其面试原理是应用心理学中的行为一致性原则，即候选人在过去工作场景中的行为细节在未来工作场景中也大概率会有所表现。行为性面试的核心要点是要深度挖掘候选人过去的行为事件，即成就事件、失败事件、高光时刻等，进而对其行为背后的动机、价值观进行识别，行为性面试是目前面试过程中最常用的类型之一。

五、从结果类型看

按照面试结果类型，可以分为目标参照性面试和常模参照性面试。

（1）目标参照性面试。目标参照性面试大多应用在资格认证面试过程中，其目的是对候选人的能力水平是否达到某一既定目标进行判定，通常分为合格和不合格两种。

（2）常模参照性面试。常模参照性面试是指对比绩优人群后，面试官把候选人当前考查能力的胜任等级与群体能力画像作对比分析的面试过程，进而按照胜任水平，从高到低进行排序，面试结果一般以胜任等级进行分类，如优秀、良好、一般、较差等。

六、从题本属性看

按照面试题本属性，可以分为无领导小组讨论、公文筐测试、案例分析、即兴演讲、角色扮演等。

（1）无领导小组讨论。无领导小组讨论是指由一定数目的求职者组成一个临时工作小组，讨论给定的问题，不指定求职者的分工和角色，让求职者进行一定时长的讨论，面试官从旁边观察求职者的管理能力、决策能力、人际技能是否达到岗位要求，以及个性特质是否符合所在团队的文化，由此来综合评价求职者之间的差异的面试方法。

（2）公文筐测试。公文筐测试又叫文件处理测试。它是将求职者置于特定职位或管理岗位的模拟环境中，由评价者提供一批该岗位需要经常处理的文件，要求求职者在一定的时间和规定的条件下处理完毕，并且还要以书面或口头的方式解释说明这样处理的原则和理由。公文筐测试因具有考察内容范围广、表面效度高的特点而受欢迎，使用频率居各种情境模拟测试之首。

（3）案例分析。案例分析是向求职者提供一段背景资料，然后提出问题，在问题中要求求职者阅读给定的资料，依据一定的理论知识，或做出决策，或作出评价，或提出具体的解决问题的方法或意见等。案例分析属于综合性较强的题目类型，考查的是高层次的认知目标。它不仅能考察求职者了解知识的程度，而且能考察求职者理解、运用知识的能力，更重要的是它能考察求职者综合分析的能力。

（4）即兴演讲。即兴演讲是指在特定的情境和主题的背景下，被要求立即进行的当众表达，是一种凭借文稿来表情达意的口语活动。求职者事先并没有做任何准备，而是随想随说，有感而发。这样的面试过程可以对求职者的灵活变通、知识储备、结构化思维和沟通表达能力进行充分激发，能够保证面试过程的区分度和评价效度。

（5）角色扮演。角色扮演是一种情境模拟活动，是指根据求职者可能要担任的职务，编制一套与该职务实际工作情况相似的测试项目，然后将求职者安排在模拟的、逼真的工作环境中，要求求职者处理可能出现的各种问题，从而评价求职者内在心理素质和潜在能力的面试方法。角色扮演的优点是在模拟状态下进行，使求职者的行为表现具备参考性和评价性。缺点是对题本要求比较高，如果题本缺少精湛的设计性，可能会对求职者的行为展现产生束缚。

七、从面试进程看

按照面试进程，可以分为一次性面试和分阶段面试。

（1）一次性面试。一次性面试是指求职者的面试集中在一次进行，面试官由各业务相关部门共同组成，通过面试要素集约化来实现对求职者的能力要求进行统一评价与分析的面试效果，面试官会由人事部门负责人、业务部门负责人及企业管理者共同组成。

（2）分阶段面试。分阶段面试是指把面试流程进行切割，例如，分为初面、复面和终面等环节。每个面试环节都是阶段性人才筛选的过程，优点是企业面试官资源会得到合理化利用，缺点是面试流程长、决策效率低。

目前很多企业会选择在社会招聘中采用分阶段面试，在校园招聘中采用一次性面试。目的是在校园招聘中以最低的时间成本、最高的工作效率抢到企业想要的优秀大学毕业生。

技巧篇

第九章　面试组织

面试设计的合理性与面试执行的顺畅性直接影响着候选人的求职体验，候选人会通过面试过程直接了解企业文化和面试官的专业水平，而提升候选人的面试体验是企业雇主品牌搭建的重要工作事项。所以，专业高效的面试组织对于企业招才引智工作非常重要。面试官要对前期准备、过程组织、后期合议三个环节的工作事项做到应知应会。

一、面试前期准备

前期准备工作的重点在于面试全过程的设计与共识，设计包括工具设计、维度设计、标准设计和流程设计等，共识包括共识评价方向、共识筛选刻度、共识评分权重与共识角色分工等（图9-1）。

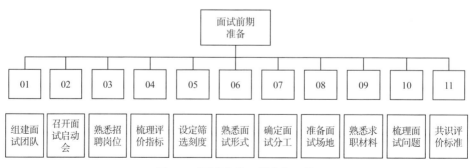

图9-1　面试前的11项准备工作

1. 组建面试团队

面试团队一般包括五类角色，分别是工作服务人员、人力资源部面试官、专业面试官、用人部门负责人、外部专家顾问。

工作服务人员的主要职责是负责候选人的到场签到、秩序维护、资格核查、人员引领、规则讲解和个性化服务等。

人力资源部面试官的主要职责是对面试候选人的基础简历信息进行核实，对候选人的通用素质能力进行面试，具体指标包括逻辑思维、沟通表达、团队协作、承压耐挫能力等。

专业面试官主要职责是对候选人的专业工作经验和专业技术能力进行分析与评价，专业工作经验与专业技术能力包括专业项目参与、专业技术成果、专业角色担当与专业知识储备等。

用人部门负责人的主要职责是对候选人的工作风格、成长潜质和聘用风险进行把关，部门负责人对团队能力建设负责，要保证团队成员间的能力与风格互补。

外部专家顾问的主要职责是从心理学角度或岗位专业角度对候选人岗位适配性进行分析，一般国有企业会在集中批量化人才面试和高端岗位精细化面试两个场景中聘请外部面试专家对面试效率和面试风险进行把控。

2. 召开面试启动会

面试启动会会以大小各异的形式而存在，有的面试是面试前的碰头会，有的面试需要组织大型的面试启动会，启动会的大小会依据招聘岗位数和面试人数的多少来决定。

组织方在启动会中要把面试过程中的所有共识内容和注意事项进行讲解，招聘多少岗位，面试多少候选人，分成多少个面试间，几个人为一个面试小组，面试工具是什么，面试指标包括哪些，哪个指标是关键指标，面试过程中出现特殊情况怎么办，谁是紧急联系人等。

3. 熟悉招聘岗位

熟悉招聘岗位的工作内容与任职资格是面试前必做的工作事项，面试指标由岗位核心工作任务梳理而来，面试官如果不熟悉岗位工作内容，就无法精准把控不同面试指标之间的权重占比。

还要了解岗位招聘的背景是隶属于人员补充还是人员新增。如果是人员补充，那就要明确上一任员工的离职原因，上一任员工的离职原因是本次面试招聘过程中风险把控的依据。

面试官可以通过访谈法和焦点小组会议来快速了解岗位信息，一般会在面试前召开面试启动会，面试启动会中大家会对相关岗位的具体内容进行逐一讲解与共识。

4. 梳理评价指标

面试前对评价指标的梳理主要包括概念解析、等级确认、正反面行为共识等。概念解析是指对评价指标描述字段的解析，不同企业对能力的要求都有自己独特的解释。等级确认是确认评价指标要分几个等级来进行评定，优、良、中、差是四个等级，高、中、低是三个等级，不同企业对评价指标的等级分类也各异。正反面行为是对评价指标的正向行为、反向行为进行描述，正反向行为描述是候选人面试过程中行为观察的依据。

评价指标可分成很多类，常规分类包括自我管理、任务管理、团队管理、人际管理、战略管理等。常规意义上的两大类可以分为人际导向和事务导向，强人际导向的候选人具有人际敏锐度高、沟通能力强、共情能力好等特点，强事务导向的人具有细节管控力高、合规意识强、操作能力好等特点。

5. 设定筛选刻度

设定筛选刻度对于企业招聘成本的把控非常重要，不同岗位筛选的严苛程度不同。人力资源部需要对招聘岗位进行市场供给分析，销售、客服、设计、财务等通用类岗位人才供给会比较多，人才筛选刻度会更严格。人工智能、语言处理、大数据等工程技术类岗位市场供给会较少，此时筛选刻度会更低。

筛选刻度的灵活把控是以低时间成本和高人岗适配的逻辑而展开，在大多数候选人都可以胜任招聘岗位的情形下，企业会更偏爱有明显特长或是高成长潜力的候选人。如果在市场供给侧较难寻找到符合岗位要求的候选人时，企业更倾向于没有明显能力短板和低任职风险的候选人。

6. 熟悉面试形式

面试形式包括结构化面试、半结构化面试、无领导小组讨论以及多种工具相结合的面试形式。有的企业选择无领导小组讨论＋半结构化面试的形式，有的企业选择即兴演讲＋案例分析＋半结构化面试的形式。

半结构化面试要了解时间分割比，多少时间占比让候选人回答必答问题，多少时间占比让候选人自主回答。无领导小组讨论要明确面试题本是资源分配型、两难式、排序式中的哪一种，不同题型的考核重点不一样。案例分析题要明确案例的属性，是社会热点型还是具体业务场景型，不同的题本背景考核候选人的知识背景也不一样。

面试形式也要明确全天的面试任务和计划安排，有时候一次面试任务并不只面试一个岗位，因为面试岗位的切换，面试工具的类型也会随之切换，这也是面试官在开展面试前要先明确好的。

7. 确定面试分工

面试分工一般包括引导者、主面试官、副面试官和其他参与人员。引导者负责对面试流程进行讲解和引导，有的时候引导者也会扮演计时员的角色。

主面试官负责对候选人进行关键问题的提问和主要行为观察，副面试官负责跟随主面试官的面试进程对候选人的行为表现进行观察，并且对主面试官未提及且有必要追问的问题进行追问。

其他参与人员包括观察师、计时员和现场服务人员等，观察师负责对候选人的行为表现进行观察，计时员负责时间计时，现场服务人员负责现场题本的发放、回收和其他具体服务工作。

8. 准备面试场地

面试场地分为面试区、等待区、签到区等，大型面试现场要保证进场、出场的人员动线无交集，避免面试后的考生和等待面试的考生在现场交流面试内容。如签到处需收集考生资料并进行材料确认，还需设立专门的资料存放区并对资料进行编码、分类存放。

面试场地的大小依据集中面试人数的多少来决定，一般大型校园招聘集中面试现场都需要对面试功能区进行合理规划，面试场地很多时候会选择在大型酒店和学校以及大型企业培训中心等。日常的社会招聘面试场地会比较灵活，在中、小型会议室就可以完成。

9. 熟悉求职材料

求职材料的主要内容是指候选人的求职简历，社招场景中求职材料不会有太大工作量，一个岗位 3 ~ 5 个候选人，资料分析总量会比较有限，简历分析工作负荷较轻。

在校园招聘中，求职者提交材料会非常多，如果是集中面试则会产生大量的简历阅读工作。如果开展双盲面试，那有些时候是不需要面试官浏览候选人简历的。如果企业不开展双盲面试，需要对候选人提出针对性问题时，此时面试官是需要快速浏览候选人简历的。

候选人简历中的校园获奖经历、社会实习经历、过往工作履历等都需要进行竞争力分析和合理性分析。竞争力分析包括学历、资历的竞争性分析，合理性分析包括职位变更合理性、离职异动合理性、薪酬期望合理性分析等。

10. 梳理面试问题

面试问题的数量会围绕面试维度而展开，每个面试维度一般会准备 3 ~ 5 个面试问题。面试问题具体会从客观层、认知层、行为层、经验层展开，问题本身可能是客观化问题、行为化问题和场景化问题。

客观化问题一般是指客观性信息确认类问题，如对个人简历中的工作时间、所获奖项、绩效表现等进行确认与梳理。行为化问题一般是指基于STAR面试法对候选人过往工作中的关键行为事件进行深度挖掘。场景化问题一般是指模拟未来工作中可能面临的具体问题场景向候选人发问。

面试前要对面试时长、提问顺序、提问分工、提问任务进行确认，确定提问者的提问时长和提问问题的个数，并确定结构化问题和非结构化问题提问时间的占比。面试中会结合不同的面试问题进行乱序式提问，短时间、高密度、非定序的面试发问会对求职者的装伪行为进行必要性控制，为提升面试效度做出基本保障。

11. 共识评价标准

评价标准有别于筛选苛度但又依据筛选苛度而定，评价标准包括面试指标、指标权重和胜任等级，指标权重大多时候采取均摊主义，也有企业对某些指标有所侧重。胜任等级可能会采用十分制或百分制，其中不同的分数会代表不同的胜任级别。

评价标准可以和招聘岗位的目标人才画像一并进行理解，把目前岗位Top绩效的员工设定为目标人才画像进行面试筛选是可以的，但其约束条件就是搜寻人才的高时间成本和充沛可持续的候选人供给。一般高级管理层和关键技术岗都要对候选人进行多维评价，把人岗适配的风险降到最低。

二、面试过程组织

面试过程组织的关键要点在于候选人面试行为的充分激发和突发情况应对，过程组织的基本要求是保证流程执行的顺畅性和候选人的求职面试体验。事不预则不立，任何工作的完美执行都需要清晰的流程设计和责任分工，图9-2是关于面试过程组织的细节描述。

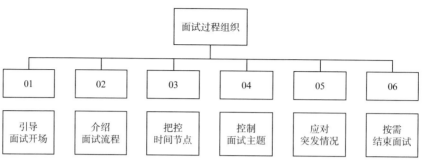

图9-2　面试过程组织的六个注意事项

1. 引导面试开场

面试之初需要有个主持人对候选人表示欢迎，并对面试流程和环节进行介绍，主持人开场过程中的亲和指数会直接影响候选人心中的压力指数。主持人需要营造良好的面试氛围，表情不能过于严肃，和候选人进行对视的过程要面带笑容，语言表达时不能"打官腔"，不能让候选人有被压迫感。

虽然在面试过程中角色不同，但面试官和候选人的身份是对等的，雇主和求职者本就是人力资源市场中的供需两端，面试官在面试全过程中一定要对候选人有充分的尊重，不得有任何的轻蔑。

2. 介绍面试流程

面试流程会依据面试形式而定，无领导小组讨论会包括题本阅读、小组讨论、总结陈词等环节。半结构化面试会包括结构化问题提问和非结构化问题提问环节。有些时候也会采取面试工具组合包的形式，例如即兴演讲＋半结构、无领导小组讨论＋半结构或者即兴演讲＋案例分析＋半结构的面试组合形式。

介绍面试流程时，要对总面试时长、各环节面试时长、面试环节的具体安排进行介绍，让候选人能提前知悉面试安排。如果在面试过程中需要候选人进行二次返场，也要对面试第一次离场和第二次返场期间的等待区安排做出明确，避免部分候选人的无序攀谈影响其他人的面试表现。

3. 把控时间节点

把控时间节点要有硬性规定，必要时应设立专门的计时员。时间均等是最基本的面试公平，虽不能保证每个人的面试时间严格均等，但是要保证每个人的面试时间都隶属于同一量级区间，尤其是在校园招聘的批量面试选拔中，严格的时间把控不仅是面试公平性的体现，更是整体面试工作高效有序推进的根本。

在社会招聘面试中，不同面试环节对时间节点的把控要求不一样，初面、复面要求相对较高，终面要求相对较低。终面环节更多是期望性沟通和意愿性沟通，期望性沟通是指对候选人的求职期望和职业发展需要进行了解，意愿性沟通是对候选人的求职动机和个人职业偏好进行了解。终面环节根据实际面谈的效果可弹性设定面试时间，前期的基础性能力识别面试还是要严格把控面试时间，尤其是在集中批量化人才选拔过程中。

4. 控制面试主题

控制面试主题的核心要义是聚焦，聚焦指的是问题聚焦和观察聚焦。问题聚焦是指一定不能在有限的时间内漫无目的地提问，这样会严重导致面试资源的浪费，也会大大增加时间成本。

观察聚焦指的是面试官一定要紧密围绕面试指标进行提问，也一定要紧密围绕面试指标进行观察。能够在有限的时间内对候选人的能力指标进行识别并给出等级性评价，这是非常难的事情。所以，面试官的注意力资源就是面试过程中的核心资源。

5. 应对突发情况

面试过程中的突发情况分为可控性事件和失控性事件，可控性事件一般是指候选人滔滔不绝和寡言少语等情况，失控性事件一般是指候选人情绪失控、泪崩现场或者是攻击面试官等情况。

面试官应对突发情况的核心技巧在于秩序控制和情绪控制，秩序控制的关键点在于合理性引导和必要性约束，情绪控制的关键点在于同情性思考和肯定性反馈。

当面对候选人寡言少语时，面试官要给予合理性的引导和启发，目的是减轻候选人内心压力并提升表达意愿。当面对候选人侃侃而谈时，面试官要给予合理性约束和提醒，提醒候选人表达时要紧抓要点并合理规划面试时间，不能任由其一直漫无目的地表达来消耗面试时间。

当候选人在面试过程中泪崩现场或者是攻击面试官时，面试官一定不能表现出反感和排斥，要对候选人的行为表现表示理解与担待，并合理暂时中断面试，等候选人平复情绪后再继续进行面试。

6. 按需结束面试

按需结束面试是指要按原计划完成全部面试任务后，正常结束面试进程，抑或是面试进程中发生计划外的客观事件不得不终止面试，结束面试进程成为必要性选择，也算是按需结束面试。

结束面试之前，面试官要确认是否按计划完成面试任务，例如面试维度具体问题是否执行完毕，是否有遗忘抑或是遗漏的情况。当已经充分收集相关信息后，面试官需要礼貌性地表示感谢并对后续面试安排事宜给出反馈，候选人对面试全程的体验表示满意才是雇主品牌建设的落脚点。

三、面试后期合议

后期合议环节因企业而异，有的企业开放合议环节，有的企业不开放合议环节。开放合议环节的好处在于面试官可以交换彼此的评价建议，缺点在于很容易产生权力依赖效应。不开放合议环节的好处在于面试官的评价结果彼此独立、互不影响，缺点在于面试官之间不能对候选人的行为表现进行充分讨论，进而致使评价结果相对表层。

1. 过程性合议

过程性合议的合议主体是面试过程，面试过程主要包括不同面试官对候选人不同的行为表现进行阐述与表达，尤其是在多对多的面试形式中，每个面试官所关注的人和行为都有其各自的时间分配和注意力分配。因此，面试官把各自观察到候选人的关键行为进行客观性阐述和分析性表达，这会从多视角来提升评价内容的整体性和饱满性，也会为各位面试官在最终打分环节提供更多的评价依据。

过程性合议只合议过程不合议结果，每个人在评分环节都保持各自评分的独立性，这是对面试官评价权的保护。面试官评价视角的差异性也是面试结果的公平性之所在，避免在面试决策环节中唯权力导向或唯专业导向，不同视角的综合分析会降低最终人事任命的风险性。

2. 结果性合议

结果性合议是以面试结果为入口来展开合议，不同的面试官讲出各自的维度评分并阐述赋分逻辑和依据，结果性合议更多应用在多对一的面试场景中，尤其是在社会招聘场景中的中高层人才面试过程中居多。

结果性合议的合议主体是结果，不同面试官阐述自身的面试结果并与其他面试官就评价分歧产生探讨和论辩，最终形成统一的面试决策意见。统一决策某种程度上会产生权力依赖，面试现场中的领导者会更大程度上决定人才评价和人事任免的倾向。

但是结果性合议也会更直观地为领导者提供一手的面试观点和评价依据，这会快速提升人才决策效率，也会在面试结果上体现出决策的一致性，降低内部分歧，保证企业用人决策的统一口径。

第十章　提问技巧解析

苹果为什么会掉在地上？地球是圆的，还是方的？前一个问题让牛顿发现了地心引力，后一个问题让麦哲伦带领船队完成了人类首次环球之旅。

高质量的问题是促进人类更深层次了解世界的起点，宇宙的谜底总是在尝试去回答无数个"为什么"的过程中被一点点揭开。高质量的问题本身就是一个优质的答案，要想更完整、更多维地认识和感受候选人，就要提升面试官自身的提问技巧，尝试去学习如何提出更精准且有质量的问题。

教练技术中提倡教练要学习启发式提问和欣赏式探寻，其背后的缘由就是要对每一个个体表达应有的尊重，不妄加评价，更不能以偏概全地去断言他人的人生。

面试也是一样，面试过程中除压力面试，其余环节不建议使用质问和反问的方式来发问。发问的目的是获取信息，高质量的信息源于候选人开放性的给予和真实性的反馈，质问和反问只会一步一步关闭候选人的沟通之门，从而让面试陷入无意义互动的窘境中。

如何通过专业的提问让候选人愿意卸下伪装和心防，让候选人和面试官能够开展一次真实且充满温度的对话，这是每一个面试官需要思考的课题。面试的方式和流程虽有规律可寻但又不能一切照搬，面试官要学会根据候选人自身的差异来进行合时宜的提问。当候选人在面试过程中已经表现出心理高压状态下的肢体反应时，面试官应该适时给候选人进行解压来缓冲面试节奏，而不是一味地持续追问。

提问的目的就是通过具体事件更全面地还原候选人的内心想法、知识结构、经验历程、职业期待、性格偏好、行为倾向等。冰山模型为人才评价提供了理论依据，胜任力模型为人岗匹配提供了评价口径，而提问正是探索人才价值和提升人岗适配指数的钥匙。

一、提问原则

好的问题应该是简短、易懂且有明确指向的，跨专业、跨代际、跨文化的发问更是要保证对方知其所问，问题的可理解性是衡量问题质量的第一标准。

发问与反馈是沟通过程中的关键动作，面试场景的沟通互动是具备明确目的和特定背景下的行为，发问人要时刻以招聘岗位为锚点向候选人展开探寻式互动，发问应遵循以下几个原则（图10-1）。

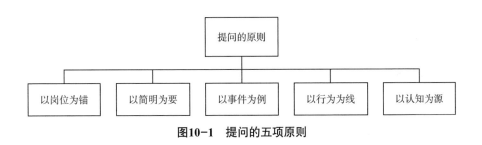

图10-1　提问的五项原则

1. 以岗位为锚

面试官要时刻从岗位需求出发，从知识、经验、技能、个性、动机和价值观等维度向候选人发问。知识、技能和经验等词汇都很宽泛且属性很大，面试官要在这个大的维度范畴内紧密围绕岗位所需要的人才画像进行发问，不能脱离岗位来设计问题。

面试目标要时刻保持聚焦、不能离散。聚焦性的提问也会让候选人更加明确岗位的真实需要，其自身也会在面试过程中来判断自己与岗位的适配指数。这样也会提升人才招聘到岗之后的稳定性。

2. 以简明为要

面试问题不宜过长，题干的长度会直接影响候选人的回答方向，题干太长很容易导致背景信息太多，导致候选人答非所问，进而造成时间资源的浪费。

有两种类型的面试问题会比较长，一种是专业类知识的提问，一种是情景模拟类问题的提问。此外，其他的问题更多以行为面试的方式而展开。

3. 以事件为例

人与人本身的差异性非常隐蔽，我们无法对人与人的深层差异进行精准识别，但可以通过具体事件来对隐性差异进行显性分析。行为事件的差异化表现就是人与人深层差异化的铁证。

人与人之间职业发展高度上的不同不是由先天基因决定，更不是由学历高低决定，而是由一个个具体的困难和挑战决定的。但凡在职业上取得成绩的人，都经历了很多的困难和挑战，一个人可以解决的问题越大，其可以背负的责任就越大，也就可以被委以更大的责任。所以，在面试过程中一定要紧紧抓住候选人过往工作中经历的核心困难与挑战展开提问，每一次重大问题的解决都是对候选人能力的奖赏。

4. 以行为为线

什么是能力？有的人说能力是智商，有的人说能力是情商，也有的人说能力是一种解决问题的方法。笔者比较认可的一种说法是：能力的定义是"因需求而生"。

可以满足具体需求的行为才可以被称为能力，也就是说有效的行为才可以被称为能力。能力本身要具备场景性，脱离具体需求场景来谈行为有效性，这是不对的。

能力评价的背后就是要挖掘候选人的行为有效性，通过 STAR 面试法对候选人过往的工作事件进行有效行为挖掘与梳理，从而对候选人的能力等级进行识别与判定，之后再分析候选人过往工作中的具体行为是否被当前招聘岗位所需要。

面试过程要以行为挖掘和行为分析为主线，候选人在具体业务挑战中的行为有效性才是贯穿整个问题分析与解决的主线。如何识别问题？如何界定问题？如何分析问题？如何提出解决方案？如何对方案进行有效执行？这一系列问题背后的行为才是面试官对候选人能力进行客观评价的依据。

5. 以认知为源

行成于思，业精于勤。行为改变的前提是认知改变，认知改变的基础是概念化认识和经验性认知的迭代。

目前很多国有企业在干部任命和人才选拔环节中从"学过、干过、管过"三个维度对候选人进行分析与评价，其底层逻辑就是要保证候选人既知道又做到。既知道岗位应该具备的专业知识，又做到岗位需要完成的工作任务。

所以，面试官在提问环节要以候选人对求职岗位的整体性认知为源头，从概念性认知和经验性认知为入口，以具体工作事件为载体，对候选人的能力和潜力进行评价。

二、问题分类

1. 按照问题实际效用划分

（1）有效问题。

有效问题是指问题本身具备可提问性，提问得到的结果具备可分析性，提问互动的过程具备可延展性。可提问性指的是问题本身具备可提问的必要性，例如，提问候选人"你是如何理解生成式 AI 的"，这样的问题本身是想了解候选人对生成式 AI 的认识和理解，问题本身是具备可提问性的。

可分析性是问题所要挖掘的答案在候选人群体中和现实生活中以及专业领域中具备对比分析性，例如提问候选人看过的记忆深刻的一本书是什么？这个问题背后所挖掘的答案是不具备可对比性的。因为每个人的兴趣爱好和阅读习惯不一样，就算候选人给出了一个很让面试官满意的答案和反馈，其背后的分析逻辑也并不能说明候选人 A 一定会比候选人 B 优秀。

可延展性是指问题本身具备延展性，无论是从认知角度还是从行为角度都可以对候选人进行深度挖掘和彼此验证。例如提问候选人"你是如何理解团队合作能力之于个人职业发展的意义的？"然后你再提问候选人"请列举过往工作中，一次你与其他同事高效协作的具体事件"，之后继续提问候选人"你是如何理解人际冲突的？你认为冲突发生的诱因都有哪些？"类似以上几个问题的关联性发问就是紧密围绕候选人的团队协作能力而展开的，这样的发问本身就具备可延展性，且问题之间会对候选人的能力进行叠加性验证。

有效问题不能千篇一律地规定某个范式来认定问题本身就是有效的，但是我们可以判定面试本身的有效性，有效的面试一定源于有效的提问。那么有效的面试就是指我们要有清晰的评价目标，要从认知层、行为层、经验层和具体事件对候选人进行交叉分析与验证。

因此，我们要紧密围绕面试目标展开提问，有些问题是导入性问题，有些问题是干扰性问题，有些问题是交叉性问题，有些问题是对抗性问题，有些问题是反思性问题。问题发问的主旨是萃取候选人在特定能力上不同维度的个人认知，对候选人的认知世界了解得更具体，我们也就能对候选人未来的行为表现有更稳定的预判。

（2）无效问题。

无效问题是指问题本身的提问效度很低，无法对评价维度进行有效验证。无效问题一般有以下特点，分别是容易造假、缺少规范性答案和与考查能力脱节。

容易造假是指候选人能够容易掌握问题的倾向性，并对自身的回答进行矫正和修饰。例如，面试官提问："你觉得你是一个有责任心的人吗？"这样的问题候选人会直接回答"是"。其问题本身对于评价候选人是否具备责任心毫无价值贡献。

缺少规范性答案是指面试官提出问题后，无法对候选人的回答进行统一性分析。例如，面试官提问"你理想当中的工作是什么样子？"或者"你对未来十年后的自己有什么期待？"此类问题并不能真实识别候选人的能力，也不能对候选人的能力进行横向对比分析。

与考查能力脱节是指面试问题本身与岗位的胜任力要求不相关。例如，面试官在招聘研发岗位时考查候选人的人际关系建立能力，这时的评价方向所提出的问题就会与岗位要求弱相关。又例如，面试官提问："我为什么要雇用你？"此类问题完全是给候选人自夸的机会，这样的问题与面试评价本身毫不相关。

2. 按问题指向性划分

（1）开放式问题。

开放式问题是提出比较概括、宽泛的问题，对回答的内容限制不严格，给对方以充分自由发挥的余地。开放式问题常常运用包括"什么""怎么""为什么"等词在内的语句发问。让候选人对有关的问题和事件给予较为详细的反应，而不是仅仅以"是"或"不是"等几个简单的词来回答。

开放式问题的优点是给回答者以较大的自由度，灵活性大、适应性强，有利于发挥候选人的主动性和创造性，使他们能够自由表达想法，常用于面试的开始，可缩短双方心理、情感距离。缺点是回答的标准化程度低，整理和分析比较困难，会出现许多一般化的、不确定的、无价值的信息。

举例 🖊

· 请讲讲你遇到的最困难的一次拓展新市场的经历，你是如何做好的？

· 与你周边的朋友或同事相比，你思考和解决问题的方法有什么不同？最大的差别是什么？

· 学习紧张的时候，其他事情难以兼顾。遇到这种情况，你一般如何去处理妥善？

（2）封闭式问题。

封闭式问题是指提出的问题带有预设答案，回答者的回答不需要展开，从而使提问者可以明确某些问题。封闭式提问一般在明确问题时使用，用来澄清事实，获取重点，缩小讨论范围。

封闭式问题的优点是有利于被调查者正确理解和回答问题，节约回答时间。封闭式问题还有利于询问一些敏感问题，被调查者对这类问题往往不愿写出自己的看法，但对已有的答案却有可能进行真实的选择。

封闭式问题的缺点就是问题设计比较困难，特别是一些比较复杂的、答案很多或不太清楚的问题，很难设计得完整、周全，一旦设计有缺陷，被调查者就无法正确回答问题。而且回答方式比较机械，没有弹性，难以发挥候选人的主观能动性。

举例 ⓘ

·你目前是已婚状态吗？

·你已经从上一家公司离职了，对吗？

·你有登录过我们公司的官网对我们进行了解吗？

三、提问的四种依据

提问、观察与倾听贯穿整个面试的全程，提问用于面试前、面试中和面试后的侧重点会有所不同。提问在不同的面试形式中自由发挥的空间也各异，图10-2是不同类型提问的具体描述。

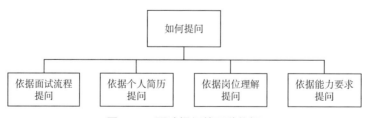

图10-2 面试提问的四种依据

1. 依据面试流程提问

面试流程分为前期导入、提问观察和结束收尾三个阶段，每个环节的沟通重点各不相同。

前期导入阶段的沟通重点是构建友好的沟通氛围，减轻候选人的心理压力，建立双方之间的身份互信，为友好高效的面试沟通做好情绪铺垫。

提问观察阶段的沟通重点主要是围绕面试要点在既定的面试形式下展开提问，抓住候选人回答内容中的关键行为并进行评价。

结束收尾阶段的沟通重点是让候选人进行必要性的个人补充提问，面试官进行针对性反馈并传达雇主品牌吸引力。

（1）前期导入。

✓ 你好，×××女士/先生，今天来的路上都顺利吗？

✓ 感谢你来参加今天的面试，我是今天的面试官×××，是×××部门的负责人，你今天应聘的岗位是×××，对吗？

✓ 你能简单介绍一下自己吗？

✓ 你能简单介绍一下你对我们公司以及你今天应聘岗位的了解吗？

✓ 请结合你过往工作经验，你觉得你适合本岗位的竞争优势有哪些？

（2）提问观察。

✓ 责任心：除了完成在校学习任务之外，你还做过哪些其他重要事情？为什么？

✓ 成就导向：请介绍你以前做过的最有挑战性的事情，你是如何应对的？

✓ 结果导向：请讲一个你没能达成预期目标的例子，谈谈为什么？

✓ 抗压能力：你中途放弃过某件事情吗？当时为什么会做出这种选择？

✓ 关注细节：大学期间，你的哪门功课学得最差？请具体说明一下原因。

✓ 开拓创新：与你的同学相比，你的学习方法有什么不同吗？为什么？

（3）结束收尾。

✓ 针对今天的面试，你有什么不明白的问题吗？

✓ 我想了解的就这么多，看你有什么需要了解的吗？

2. 依据个人简历提问

个人简历可以为面试官提供非常好的提问依据，尤其是在社会招聘中，候选人的简历是一部个人职业成长史。简历分析有两大要领，一个是价值分析，一个是逻辑分析。

我们在分析简历的时候，首先要看候选人在过往的成长时间内沉淀出的个人价值有哪些，且这些个人价值是否有公信力背书和确定性事件背书。

其次我们要看候选人的成长逻辑，成长逻辑的背后蕴含着职业选择逻辑、价值判断逻辑、关键人物关系和内在决策逻辑。尤其是在社会招聘中，候选人的职业发展轨迹和岗位晋升路径都非常说明问题，这背后有大量的关键事件可以去探讨和挖掘。

在校园招聘中，候选人的简历最具分析价值的有两点，一个是学术专业价值，一个是社会实践价值。如果校园招聘中候选人简历、学习成绩略显平平，且同时社会实践经历又较少，这个时候要格外关注兴趣发展。

如果候选人兴趣发展又很少，那从时间价值角度判定，候选人并未很好地利用个人时间去进行自我成长，这是责任心缺失、学习力较差和缺少团队合作经验的显现。

此时，面试官就很有必要对相应的个人基础素质进行必要性追问来佐证个人简历中的初始判断。

校园招聘

✓ 为了更好地踏入社会，你都做了哪些准备工作？

✓ 你毕业论文的关键要求是什么？为了达到这些要求，你做了什么？

✓ 大学期间哪门功课学得最差？请具体说明下原因。

✓ 你认为你所学的专业主要适合哪些企业需要？为什么？

✓ 你是否在学生社团担任过职务？如果有，请描述一件你带领大家完成某个任务的经历。

社会招聘

✓ 你从上一家单位离职的原因是什么？我们企业有哪些吸引你的地方？

✓ 你在简历中写到有从 0 到 1 搭建团队的经历，请描述下相关细节。

✓ 你在简历中写到曾获得 ×× 年度 Top Sales，请讲下具体评选过程。

✓ 你在简历中写到过往负责的产品单月销售破百万，请讲下具体细节。

✓ 你在过往工作履历中有过两次行业变更，请说明下背后的原因。

3. 依据岗位理解提问

面试官也可以从岗位工作任务出发进行提问，尤其是在社会招聘中面对具有同样岗位工作背景的候选人，此时面试官就会直接围绕岗位理解本身展开提问，此处的岗位理解包括应用场景理解、工作任务理解、实战经验理解、具体挑战理解、能力要求理解和职业发展空间理解等。

如果候选人已经具备了非常专业的技术性认知和具体的任务性认知，那后续的面试更多是期望值与价值观的匹配。

✓ 在上一段工作中，你具体负责的工作内容都有哪些？不同任务的相互占比如何？

✓ 在上一段工作中，你在推动具体工作达成的过程中，遇见最大的阻碍是什么？

✓ 在上一段工作中，你在工作场景中的相关干系人有哪些？哪些部门是关键部门？

✓ 在上一段工作中，你的上级对你考核的核心指标是什么？你的达成情况如何？

✓ 在上一段工作中，你所带领的团队成员有多少人？你亲自招聘的人员有多少？

4. 依据能力要求提问

能力要求分为硬技能和软技能，硬技能指的是完成工作任务所需要的技术性实操技能，如系统架构、代码编程、产品设计和数据分析等技能；软技能指的是解决实际工作挑战所需要的情景性能力，如沟通技巧、灵活适应、推动变革、开放创新和承压耐挫等能力。

针对硬技能的评价会通过知识性测试和实操性评估来进行，而针对软技能的评价会通过人才评价中心技术而展开，其中使用最多且效度最高的是行为面试法。

面试官在面试过程中会有不同的角色分工，有的面试官负责硬技能评估，有的面试官负责软技能评估。以下是针对软技能进行提问的问题示例：

（1）沟通技巧。

✓ 你认为沟通之于你个人职业发展意味着什么？你如何看待沟通的价值？

✓ 请举一个你最满意自己的沟通交流经历的例子，当时的情况是怎样的？你是怎么做到的？

✓ 请举例说明你工作时与上级、同级、下属三类人展开沟通过程中，你认为哪一类人更好沟通？为什么？

（2）团队合作。

✓ 你认为团队合作之于你个人职业发展意味着什么？你是如何理解团队价值的？

✓ 请举一个你与周边团队一起配合完成工作的例子，合作中出现的主要问题是什么？你是如何处理解决的？

✓ 你遇到的最难合作的人是谁？你有什么改善合作状况的解决方案？

（3）开拓创新。

✓ 你是如何理解创新的价值的？你都听过哪些关于创新的故事？

> ✓ 与你周边的朋友或同事相比，你思考和解决问题的方法有什么不同，最大的差别是什么？
>
> ✓ 请举一个你自己做过的最有创造性的事情，当时你为什么要这么做？

四、追问的两种方法

追问的"追"字体现在持续聚焦一个事件、一个问题、一次经历进行深度探寻，面试官通过追问获取更多的过程信息和内在成因来还原候选人的内在分析逻辑。行为决策的依据是风险偏好和价值判定，大家认为什么是价值就会追求其最大化，大家认为什么是风险就会控制其最小化。

价值判定会分为团队价值和个人价值，要想识别出员工是否具备先公后私的优秀品质，这需要持续追问才能分析出员工是否具备为获得团队收益而牺牲个人收益的内在品质。如果想评估员工是否具备奉献精神，就需要评估员工是否具备为降低团队风险而承担个人风险的意识和魄力。

追问和提问一样，提问要找到发问的依据和突破口，追问要找到追问的方向和附着点。追问不仅是常规面试的必备技巧，更是压力面试不可或缺的本领。

作伪行为在面试中时有发生，但是候选人不可能为了完成一次面试在短时间内编造一个完美无瑕的故事。面试官需要通过持续的追问细节来验证事件的真伪，这是获取候选人真实能力的必经过程。

1. 基于 STAR 面试法进行追问

STAR 追问法是面试官在应用行为面试法时，需要通过四个层面对候选人展开深度追问，从而让候选人更为全面、详细地阐述和讲解过往行为事件的方法。STAR 追问法是结构化行为面试中最为关键的核心技能，STAR 是四个英文单词的缩写，具体指的是 Situation（情景）、Task（任务）、Action（行动）、Result（结果），内容释义如下：

◇ S 代表情景（situation），指的是求职者过去工作的具体场景。

◇ T 代表任务（task），指的是求职者过去承担的工作角色。

◇ A 代表行动（action），指的是求职者在过去工作中具体的操作行为。

◇ R 代表结果（result），指的是求职者在过去的行为下产生的事实结果。

如果用一句话来概括，那就是面试者在什么情况下，承担什么任务，采取什么行动，最后结果如何。

面试官运用 STAR 追问技巧时，为确保能够获得候选人真实且有深度的信息，应关注以下四个关键技巧（图 10-3）。

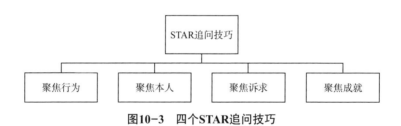

图10-3 四个STAR追问技巧

技巧一：聚焦行为。

追问的时候不是问"你认为应该怎么做？"而是问"在当时场景下，你具体做了什么？"一定要聚焦已经发生的事实主体，而不是聚焦应该发生而未发生的意愿本身。一定要谨记，意愿不等同于能力，知道和做到之间存在巨大的鸿沟。

可以追问：

✓ 在当时的场景下，你具体是怎么做的？

✓ 在提升部门绩效方面，你是怎么做的？

✓ 在前一家公司时，你个人给公司带来了哪些收益？你具体做了哪些事情？

技巧二：聚焦本人。

追问的时候不是问"在当时情况下，你们团队做了什么？"而是问"在当时情况下，你本人做了什么？你的角色是什么？哪些内容是你做的？"聚焦本人就是聚焦本身的团队价值贡献度，就是聚焦行为本身的有效输出有哪些。

> 可以追问：
>
> ✓ 在这个项目中，你的角色是什么？你具体做了什么？
>
> ✓ 在项目面对困难和卡点时，你是如何突破困难来推进工作的？
>
> ✓ 你是如何与团队成员协作的？你的任务分工是什么？

技巧三：聚焦诉求。

聚焦诉求就是要关注候选人表达内容中我们所需要的，而不是一味跟着候选人的节奏走。因为 STAR 追问法是隶属于行为面试法的框架，需要候选人表达过往工作中具体真实的事件。因为任何一个事件，如果颗粒度讲得很细致，就需要占用大量的面试时间，时间成本过高。

所以，面试官要在追问环节中遇到候选人滔滔不绝时，需要适时打断候选人，并进行必要引导和干预，保证候选人语言表达的方向性。事实上，适当打断方向有偏差的回答也是一种有效的情境压力测试，借此可以考查候选人的应变能力。

> 可以追问：
>
> ✓ 为了保证单条视频曝光量突破 10 万，你的方法是什么？
>
> ✓ 为了保证团队绩效领先，你的项目管理方法是什么？
>
> ✓ 为了保证你的行动建议被采纳，你都做了哪些坚持和变通？

技巧四：聚焦成就。

聚焦成就是聚焦候选人"做成了什么"，而不是"做过什么"。企业需要找的是把事情做成功的人，而不是仅仅做过某件事的人。做过某件事的人可能是失败者，虽然失败的经验也很宝贵，但是企业的核心诉求是成功，需要的是成功经验。

> 可以追问：
>
> ✓ 举例说明在产品研发方面，你取得的最大成就是什么？
> ✓ 举例说明你在提高企业招聘精准性方面，你做对了哪些事情？
> ✓ 在上家企业中，你在销售方面取得的最大成绩是什么？

2. 基于 AOR 提问法进行追问

在考察和挖掘情景类问题的时候，面试官也可以使用 AOR 提问法，AOR 是 Action（行动）、Other（其他的）、Realistic（现实可行的）三个单词的缩写。

> ◇ A 代表行动：指的是具体的解决方案或行动。
> ◇ O 代表其他的：指的是与预期不符时，是否有其他方案。
> ◇ R 代表现实可行的：指的是方案在本企业的可行性。

面试官使用 AOR 提问法时，首先要关注候选人是否针对情景类问题提出具体的解决方法和行动计划，然后再关注候选人是不是只提出了一种解决方案，最后再评估候选人提出的解决方案的可行性。

AOR 提问法也会应用在创新性问题分析与解决的场景中，因为企业要发布新产品抑或是开发新市场，在面对未来的不确定时，企业要制定面对一切风险的应对预案，且要保证应对预案的实操性。

第十一章　倾听技巧解析

倾听有别于听见。

听见是生理过程，指的是耳朵接收到声音信号的能力，它是听觉系统对声音振动的物理感知。听见不一定涉及对声音内容的理解和关注，它是一种感知声音存在的行为。

倾听是更为复杂的认知过程，它不仅包括听见声音，还包括对声音内容的注意、理解和反应。倾听是一种有意识的活动，需要投入注意力，对声音信息进行解码，可能涉及情感、记忆和判断等心理活动。

一、倾听的原理

沟通包括说话者要素、编码、信息、解码、接收者要素五个基本要素，除了五个基本要素，还包括噪声、上下文和非语言沟通三个方面。

影响沟通最关键的过程是编码和解码，编码是发送者将思想和信息转换成可以传递的形式的过程，解码是接收者将接收到的信息转换成可以理解的形式的过程。

倾听的过程和沟通恰恰相反，倾听的五要素是指倾听者要素、解码、信息、编码和说话者要素。解码的过程受倾听者的信息滤镜和认知框架影响，编码的过程受说话者的信息滤镜和认知框架影响。

倾听者要素包括倾听者属性和倾听风格，倾听者属性包括倾听者身心状态、知识储备和行为习惯等；倾听风格由倾听者不同的行为风格来决定。倾听者要素决定着倾听者接收信息的总体量以及对内容理解的全面性与深度。

说话者要素包括说话者的沟通风格和环境负荷，说话者的性格特点、行为风格和表达习惯等要素决定其沟通风格；说话者所处的场域、环境及心理状态构成说话者的外在及内在的环境负荷。说话者要素决定着说话者表达信息准确性和可理解性。

编码和解码都会受到认知框架和信息滤镜的影响，且编码和解码的过程也会受到环境影响。认知框架和信息滤镜是内在影响机制，环境负荷是外在约束机制。

1. 认知框架

认知框架（cognitive framework）是心理学和认知科学中的一个重要概念，最早可以追溯到 1955 年，由美国人类学家格雷戈里·贝特森（Gregory Bateson）提出。它指的是个体用来解释和理解周围世界的内在思维结构，这些框架影响着人们如何感知、处理和记忆信息，以及如何对事件做出反应。

1993 年，研究员罗伯特·恩特曼曾写道："认知框架是对感知到的现实的某些方面进行选择，并使它们在沟通中更加突出，以促进特定的问题定义、因果解释、道德评价，以及（或者）治疗建议。"换句话说，认知框架就是从故事中选取部分内容，并在沟通中特别突出该内容，以表达个人观点。

本质上，认知框架是对特定情境的"宏观"看法。就好比你的大脑正通过镜头观察事物，但却完全没有自觉，一部分事物留在了镜头里，而另一部分被挡在镜头外。倾听者只能接收到进入框架内的信息。影响我们认知框架的因素有很多，如性别、教育背景、猜测、个人意念、效能感以及和他人的关系等。我们过往的经验、学习和观察到的事物，这一切构成了我们的认知框架。

认知框架会带来偏见，我们在认知和了解一件事情时，会存在信息过滤、经验依赖和自我中心偏误等现象。再叠加上不同的社会氛围、沟通方式和语言文化，认知框架所带来的偏见现象随处可见。

面试官打破认知框架的最好办法就是成立面试官小组，从单一口径评价变更为多口径评价。认识框架之于个人永远存在，个体永远会有他的认知盲区，认知盲区的存在永远会导致个体对某些事物的看不到、看不清和看不懂。

所以，这也是面试官队伍建设的重要性所在，面试官队伍中要包含不同岗位背景、不同专业背景、不同知识结构的面试官，这样才能在有限的时间内对候选人进行多维度分析。

2. 信息滤镜

当我们使用摄像机进行拍照时，镜头会对我们想要拍摄的事物进行聚焦，我们会通过镜头选择需要强化和虚化的地方，我们会通过镜头选择明和暗的不同区域，这样对目标事物进行选择的过程就是滤镜的作用。

信息滤镜是一种机制和过程，它允许个体或系统根据特定的标准或偏好筛选信息。这种过滤可以是自动的或手动的、有意识的或无意识的，其目的是从大量数据中提取相关或有价值的信息，同时排除不相关或不需要的信息。

滤镜能够改变我们接收他人信息的方式，必须注意的是滤镜无所谓好坏，它只是一种管理我们大脑中输入信息的方法。在实际生活中，信息滤镜便利于我们生活的场景有很多。例如当你在搜索时，在线平台和搜索引擎会使用算法来过滤信息。又如在社交媒体中，平台会通过与用户的互动和选择来过滤信息流，展示用户可能感兴趣的帖子和故事。政府和组织也会使用信息滤镜来阻止或限制对某些类型内容的访问，这可能包括政治、成人内容或其他敏感主题。

信息滤镜的作用是聚焦，聚焦的作用在于强化和弱化。如果面试官在面试过程中能通过专业的人才评价技巧来深度聚焦候选人的优点和缺点，进而选择性弱化非必要信息，那么这样的专业滤镜就会提升面试的效度和效率。

3. 环境负荷

"环境负荷"是一个专业术语，是心理学和认知科学中的概念，指一个人所承受的压力负荷，它专指环境中会给一个人带来压力的任何事物。环境负荷可以来自多个方面，包括感官输入、工作记忆需求、注意力分配、复杂性、个体差异和适应性等。

每个个体对于环境负荷的承载能力不同，每个个体在环境负荷增加下行为表现会产生差异化，这也是压力面试的逻辑所在。环境负荷的增加对个体的影响是多方面的，可以从心理、生理和行为三个层面来分析。

（1）心理层面。环境负荷的增加可能导致个体感受到更多的压力和焦虑，例如极端天气的到来会对人类心理产生影响，轻则会产生焦虑情绪，重则会产生恐惧和逃离的行为。环境中的无序和混乱可能导致个体感到失控和不安全，也可能会导致更多的犯罪行为和不道德行为。

（2）生理层面。环境负荷的增加会对个体生理健康产生影响，高压环境中，人体的呼吸频率通常会先增快，血压通常会升高，心率也可能会加速，神经系统也会更加兴奋。与此同时人的听觉、视觉等感官功能也可能受到影响，可能会出现耳鸣、听力下降等听觉问题。当前，很多职场人会出现焦虑、情绪障碍、免疫力下降等现象。

（3）行为层面。环境负荷的增加会改变个体的行为表现，高压之下有人会更显平静，有人会更有攻击性，环境压力会对个体的生存方式产生塑造。现代生活中的工作迁徙潮很大程度上也是由个体生存环境负荷影响，长三角和珠三角地区经济发达，很多年轻人迫于生活压力到此区域寻求工作机会，背后原因是在老家无法获得相对应的工作机会和工作劳酬，区域经济发展失衡的社会现状就是个体职业决策差异化的动因所在。

二、有效倾听的技巧

有效倾听可以帮助面试官视微如著，于细节处看端倪，于语言间品逻辑。有效倾听有助于面试官和候选人之间构建平等对话关系，也是面试官提升提问技巧的关键基础，更能促进面试官和候选人之间的相互理解，图 11-1 是进行有效倾听的行动建议。

图11-1 有效倾听的六项原则

1. 保持适当视线接触

保持适当视线接触是面试官对候选人给予尊重的表现，通过视线接触向说话者表明对他们的讲话感兴趣，并且正在认真倾听，这会显示面试官的真诚和开放性。视线接触也可以更好地观察说话者的面部表情和眼神，了解未经语言表达的信息，如信心、真诚和紧张，进而更好了解候选人的真正意图和心理状态。

视线接触也能很好地鼓励对方表达，促进双方实时进行互动与反馈，同时也让双方减少外部干扰，避免分心，更加专注于当前的谈话。保持眼神接触的同时，也要注意不能过度盯视对方，避免给对方带来不适感。

2. 不要轻易打断对方

不打断对方是对说话者基本的尊重，面试时间有限，为保证面试效果的达成，当遇见过于赘述的候选人时，面试官可以适当打断对方，并对接下来的面试过程进行合理引导。

此外，不应该轻易地打断对方，完整倾听候选人表达前后内容的关联性和观点阐述的逻辑性，是面试官进行客观评价的内容基础和判断依据。不打断对方也可以营造一个积极、支持性的环境，鼓励双方开放和诚实的交流。

3. 适当地重复

适当地重复有利于面试官对候选人的表达内容进行确认，例如当候选人对离职原因、升职原因以及个性化事件进行内容陈述时，面试官可以对关键信息和关键环节进行适当的重复，以确认事件细节的真实性和合理性。

适当地重复可以有效避免候选人重复表达以及过度在某一细节展开赘述，也可以让候选人明确感受到被关注，以及自身所表达的内容被理解，这是一个很好的建立信任和促进沟通的过程。

4. 不做分心的举动

在面试过程中，面试官要全身心投入，不要做一些分心或不合时宜的举动。交流时分心或者不恰当的举动不仅会影响对方说话，还会直接影响面试官自身的职业形象。

例如，面试官在面试过程中，需要做到以下行为：

①关闭或静音电子设备。
②选择一个安静且无干扰的环境进行对话。
③保持身体的开放性，如面向说话者。
④避免在倾听时做其他任务。
⑤告知他人自己在进行面试，希望不被打扰。

5. 不能过度以自我为中心

倾听时避免以自我为中心是构建有效沟通和良好人际关系的关键，面试官要兼容面试小组其他成员的视角，不能完全以自我评价为依据，避免出现似我效应。

过度以自我为中心也会影响面试官对候选人表达具体工作事件场景的带入效果，STAR 面试法的目的就是还原真实事件场景来对候选人的行为表现进行评价，STAR 面试法有效使用的前提就是面试官要对候选人表达的具体事件的真实场景有代入能力，而带入的前提就是面试官要保持开放性，不能过度以自我为中心。

6. 不要有预设立场

预设立场会影响面试官评价候选人工作能力的中立性，也会增强自身接收信息的认知滤镜，从而导致对候选人的能力评价更多以自身认定的价值为锚，而不是以事件本身的客观价值为锚，一旦锚点产生偏移，就会导致评价效度降低。

另外，一旦有了预设立场，面试官就会对认定为无意义的内容产生排异效应，甚至会中途打断候选人正常的信息表达，从而导致面试过程获得的信息略显碎片和局部，最终致使能力评价的有效依据过少，导致评价过程略显片面。

三、倾听时的注意事项

面试中的倾听有别于日常沟通中的倾听，面试中的倾听具有明确的目标导向和时间约束。生活中常说的"日久见人心"在面试中不能受用，原因是企业管理在招聘工作中不会有充沛的时间来对候选人进行考查。因此，面试官承载了在有限时间内尽最大可能对人才能力进行客观真实评价的任务。

所以，面试官在面试过程中要保持高度注意力去倾听和观察候选人的语言行为和非语言行为。在倾听方面，面试官需要注意以下事项：

· 全神贯注，将注意力集中在说话者身上。

· 保持开放性，不带有偏见，保持开放态度。

· 在说话者结束之前不要打断他们，耐心听对方讲话。

· 避免干扰，不要在倾听时做其他事情，如查看手机等。

· 通过点头、微笑或简短的口头回应。

· 有不理解的地方，适时地提出问题或要求澄清。

· 不要急于做出判断，给予足够的时间来理解对方观点。

· 展示同理心，理解并感受说话者的情绪。

· 不要将对话引向自己的经历或观点。

· 适时地重述对方的要点，以证明你在认真倾听。

· 避免过滤性倾听，不要只听取自己想听的内容。

面试官遵循以上注意事项，可以明显有效提升倾听能力，成为一个更有效、更有同理心的倾听者。

第十二章　观察技巧解析

《冰鉴》是曾国藩总结其自身识人、用人心得的一本著作，书中分为神骨、刚柔、容貌、情态、须眉、声音和气色七个章节，内容涉及如何通过人的外貌特征、行为举止、言谈表情等方面对人的性格和能力进行判断，这部书也被认为是关于人才学和相人术的经典文献。

提问、观察和评价是面试工作中的核心任务，不同面试官慧眼识人的能力差异之处主要就体现在观察环节中。观察环节的核心要义是观其表和察其里，观其表主要是对候选人着装、身材、走姿、坐姿、表情、视线、眼神、语速和语气等外在个人形象与行为进行眼观，察其里是对候选人身上不同行为背后的内在成因和行为习惯进行探察。

面试官要想提升观察能力，首先要善于捕捉候选人身上各种形象要素和行为痕迹，"观"的要义是细致，面试官要具备一双善于发现细节的眼睛。其次要提升"察"的能力，"察"的要义是提升对所观察到的具体信息进行交叉验证与情景解读的能力。候选人身上的单一行为不足以描绘出完整的人员画像，要对面试全程中个人的行为进行统合分析，才能更大化地对个人画像进行描述。

一、非语言信息解析

在人与人的互动过程中，7% 的交流是基于我们所说的话，38% 的交流是通过我们的语音变化实现的，而基于非言语行为的交流高达 55%。而在非语言信息观察中，对候选人身上表现出的微反应和微表情的捕捉，是重中之重。

1. 微反应

微反应，全称是心理应激微反应，是指个体在遇到刺激时的瞬间反应，通常表现是无意识的。微反应透露着一个人的内心密码，是了解一个人内心真实想法的最准确线索。在面试过程中，应聘者的微反应可以透露出他们的真实情绪和态度。例如，与面试官对视、脊柱的状态、膝盖和脚踝的位置等，都能反映出应聘者的心理状态。

微反应是个广义词，一是指耳熟能详的微表情，属于面孔微反应；二是指反映心理状态的身体"小动作"，属于身体微反应；三是指语言信息本身，包括使用的词汇、语法以及声音特征，属于语言微反应。

2. 微表情

微表情是一种特殊的面部表情。与普通的表情相比，微表情主要有持续时间短、动作强度低、无意识产生和与真实情感直接相关等特点。微表情的持续时间非常短，通常只有 1/25 ～ 1/5 秒，且动作强度较低，难以被察觉。

一个人的心理无论怎么掩饰，都会通过一些无意识的细微表情表现出来，心理学上将这种无意识的表情称为"微表情"。说到微表情，大多数人会认为只是面部五官的表情，例如眉目传情、眉头紧锁等。其实微表情不仅仅包括人的面部表情，人们的肢体表情、语言表情和行为表情也都在微表情范畴之内。

二、形象观察技巧

面试过程中，外貌观察是评估应聘者综合素质的一个重要维度。例如，可以通过观察着装来分析候选人的职业态度和对细节的关注能力，可以通过观察卫生状况来分析候选人的生活习惯和自我管理能力，还可以通过观察肢体语言来分析其情绪状态。以下对部分类型的候选人外貌进行分析。

1. 看着装

（1）套装型。做事有条不紊、认真、注重细节、尊重规范，对自己比较自信，事业心强，有好胜心。不愿意示弱，抗压能力也比较强。时间观念强，不喜欢开玩笑，不喜欢拖泥带水。

（2）潮流型。有时尚品味，有创造性思维，对自身外表感到自信。愿意接受新事物，容易适应快速变化的工作环境。在社交场合中较为活跃，有较强的人际交往能力。心态年轻有活力。

（3）休闲型。性格开朗，喜欢保持轻松自在，对自身能力有信心。有创新思维，平易近人且友好，具有灵活性和适应性。能适应不同工作环境，喜欢在工作和生活中追求平衡。

（4）华丽型。表现欲强，希望引起注意，注重个人形象和外表，希望给人留下深刻印象，具有较强的社交能力，非常关注细节，希望展现自己的领导特质，也希望表达自己的热情和活力。

（5）质朴型。比较谦逊，注重效率，比较务实，给人一种平易近人的感觉。同时也倾向于保持低调，不喜欢过分炫耀，更关注内在品质和能力，倾向于简朴的生活方式，相对传统，也会略显固执。

2. 看身材

（1）外胚层体型。外胚层体型的人通常指那些骨架较小、肌肉和脂肪都不太容易增长的个体。这种人一般性格偏内向，倾向于分析，做决定前会仔细思考，对外界刺激较为敏感，有创造力，情绪表达更为细腻。

（2）中胚层体型。中胚层体型的人通常具有较为发达的肌肉和适中的骨架，他们往往容易增长肌肉而不太容易积累脂肪。这种人一般比较外向，对能力有自信，喜欢竞争，有成就动机，活力充沛，做事果断，有冒险精神，有韧性，风格务实。

（3）内胚层体型。内胚层体型的人往往骨架较大，身体结构较为宽阔，倾向于积累脂肪，肌肉通常比较柔软。这种人一般性格比较温和，有耐心，享受生活，喜欢社交。情绪更为丰富，心态乐观，比较宽容，为人可靠，值得信赖。

三、姿势观察技巧

通过走姿可以看出自信指数和健康水平，自信的人走路坚定而有力。面试过程中也会看坐姿，良好的坐姿表明候选人对面试尊重和认真的态度。与此同时，面试过程中也会看候选人的手姿和站姿，尖塔式的手姿代表候选人很自信，昂首挺胸的站姿是候选人昂扬斗志和高扬士气的代表。

1. 看走姿

（1）昂首挺胸。比较自信，倾向于以自我为中心，淡于人际交往，不轻易求助。给人一种权威感，愿意承担责任和领导角色。具备积极心态，专注力比较强，思维敏捷，考虑问题比较全面。

（2）有条不紊。走路时步伐稳定、节奏均匀、动作协调。说明具备自律性，能控制行为和情绪。做事情保持专注，不易被外界干扰，性格稳重，不冲动。具有专业精神，认真对待工作，给人一种从容不迫的感觉，遇事沉着，看起来很有修养。

（3）步伐整齐。遵守规则和纪律，可能经历过军事训练。给人严肃庄重的感觉，有超强的意志力和高度的组织力。团队协作中注重一致性，具备自律意识，有良好的节奏感和协调性，人际交往中待人谦和，尊重他人。

（4）行动急促。走路时步伐快速、动作匆忙。说明候选人精力充沛，注重效率，不拖泥带水，不推诿搪塞。有时候会比较草率，与此同时也会表现出内心的紧张和焦虑感。能迅速决策并行动，具有较高的身体活力和能量。

（5）微微倾斜。行走时身体向一侧倾斜，表明缺乏自信或感到不安，也可能表示感到放松，没有紧张感。某些文化中，也是一种非语言的社交信号，表明正在倾听或对谈话内容感兴趣。大多性格内向，为人谦虚，没有花言巧语。

（6）外八字。表明候选人大大咧咧，左摇右晃，不拘小节，讲义气，有时候会不顾及别人的感受。外八字走姿并不一定意味着负面的含义，它可能是由多种复杂因素造成的，也可能由健康问题引起。

（7）内八字。表明候选人更注重细节，喜欢按部就班地做事，但面临突发状况时也可能阵脚大乱。性格比较内向，人际敏锐度高，会体贴人，共情能力更强，善于换位思考。

2. 看坐姿

（1）正襟危坐。体现了候选人的严肃和拘谨，如果是在陌生环境中，往往是重视对方的表现。这样的人行动前会谨慎思考，倾向于遵守规则和传统，比较有责任感，愿意承担义务。端正的坐姿也会传达出自信和自我肯定。

（2）身体蜷缩。身体蜷缩在一起，双手夹在大腿中间。采取这种坐姿的人往往比较自卑，对自己缺乏信心，习惯服从他人的安排。也表明候选人在椅子上感到不舒服和不自在，情绪略显低落，不够高亢，内心比较焦虑和不安。

（3）跷二郎腿。显得候选人有着优越感和放松的心态，整体状态比较放松和自在，是一种开放性的身体语言，表明其愿意交流和接受新想法。在某些情况下，也会被解读为一种支配和控制的信号。面试场合中，跷二郎腿也会显得候选人缺少尊重感，不够严肃，不够重视个人行为表现，略显粗犷。

（4）抱头后仰。双手交叉放在脑后，身体后仰靠在椅子上。这样的坐姿体现了候选人的自恃和冷酷。这种人通常自我感觉良好，对别人一副居高临下的姿态，甚至无视对方的存在，让人感觉很不舒服。

（5）身体前倾。表明候选人对谈话内容感兴趣，想要更多了解岗位信息，是一种愿意交流的信号。从心理学的角度看，人们总是会将身体倾向于给他们带来美好体验的事物，而远离给他们带来糟糕体验的东西，这是一种开放性的坐姿。

（6）蓄势待发。身体微微向前倾，一只脚前一只脚后，双手分别放在两个膝盖上。这样的坐姿通常是一种准备就绪的信号，表明对某件事情很感兴趣，正准备洗耳恭听。说明候选人遇事更愿意主动行动，而不是被动地等事情发生，这种人有很强的决策力，能够在关键时候迅速做出决定。

3. 看手姿

（1）摊开手掌。代表诚实和透明，表明心态开放，愿意接受新想法和新观点。日常工作中也更愿意顺从和支持，这是一种愿意接受他人观点的表现。

（2）手心向上。表明无恶意，是一种妥协、服从和善意的手势，也有向他人求助的意思。人们通常以此来告诉对方，其手中没有武器。

（3）手心向下。表明有权威性，是指导或命令他人时常用的手势，某些情况下也有安抚他人的意思，示意保持平静或安静，也被用来表示某件事情的结束或终止。

（4）合拳伸指。当手握成一个拳头，只留出一个手指时，手指仿佛凝聚了整个手掌的力量，会带给对方迫使其妥协的压迫感。这个手势会伴随举臂、挥拳等动作，是带有攻击属性的动作。

（5）双手抱胸。表明候选人心防比较重，不愿意开放接受新的想法和意见。代表一个人对自己的观点和立场有信心，为人沉稳，有心机；情绪比较稳定，说话前斟酌再三，风格慎重。

（6）不停动弹。表明候选人可能正处于一种紧张的状态中，想借此缓解紧张的状态。也表示对方可能有些不耐烦或者处于思考状态中，还可能是通过手指动弹来打发时间。

（7）指手画脚。表明候选人对话题高度参与和感兴趣，性格一般比较开放，也比较霸道，有猎奇心理，好奇心强，性格有张力，人际影响力比较强。

（8）尖塔式。是自信和权威的象征，多出现于自信、高层次的人身上，可能表示正在精神集中地讨论或考虑某事。

4. 看站姿

（1）抬头挺胸。这样的人对自己的能力和形象比较自信，有权威感，具备领导者气质。当候选人想获得更高的岗位和认可时，往往会抬头挺胸，让自己看起来更加高大、敢于接受挑战，这是有魄力的表现。

（2）含胸驼背。体现了候选人封闭保守、缺乏自信的心态。性格偏内向，或在情绪低落、紧张或者焦虑的时候会采取这种姿势，表明缺乏自我肯定，在精神上处于劣势，内心不安，有较强的自我防卫心理。

（3）手插裤兜。是一种随意或非正式的姿态，表明感到放松和自在。这种人可能在某种程度上封闭自己，不轻易吐露自己的心事，而是以观察者的身份存在。在某些情况下，手插裤兜可能被解释为一种支配或权威。

（4）展示胯部。可能被认为具有性感或吸引注意的意味，代表了一种自信。男人们常用这样的姿势标识自己的领地，或者展现英雄气概。

（5）双腿合并。这是一种正式的站姿，表明个人尊重场合的严肃性，比较保守，遵循传统礼仪，是自律和控制力的象征。也传达出专业和认真的态度，同时也可能是紧张或不安情绪的体现。

四、面容观察技巧

每个人的面部结构都是独特的，包括眼睛、鼻子、嘴巴、耳朵的形状和位置，以及面部轮廓。又因为每个人的表情习惯不一样，如微笑、皱眉或特定的面部动作，这些都可以成为识别候选人的线索。

1. 看表情

（1）快乐。候选人在面试时露出快乐的表情是一种乐观心态的表现，也是积极求职的表征。面试中聊到过往经历时，候选人露出快乐的表情可以说明自身对过往的成就时刻比较满意，也是职业幸福感的体现。面露快乐表情也是情绪管理能力的体现，说明候选人抗压能力比较好。

（2）悲伤。候选人在面试时偶尔会露出悲伤的表情，例如在面试官提出具体问题候选人因能力欠缺而无法及时回答时，可能会露出悲伤表情。这是一种内疚和自责的心理体现，也会间接说明候选人具备些许的完美主义倾向和应变能力不足的体现。另外也可能说明候选人正处于突发事件中，遇见此种情况，面试官要予以关怀。

（3）愤怒。候选人在面试时一般较少会表现出愤怒的表情，如果出现，大多会在压力面试中体现，抑或是在群体面试的无领导小组讨论环节出现。愤怒表情出现的原因是候选人感受到自身被质疑、被拒绝或者被否定，此种情形正是考验候选人压力应对能力的时机，愤怒表情基本上可以说明候选人的情绪管理能力不足，抗压能力薄弱。

（4）恐惧。候选人在面试时出现恐惧表情的情况较少，如果出现，也一般会出现在年轻求职者群体中。大学毕业生群体在面临高压集中性面试时，可能会出现恐惧情绪。国际知名咨询公司麦肯锡曾一天集中完成对候选人的六轮面试，此等面试过程是对候选人生理和心理的双重挑战。恐惧的表情说明候选人的个人意志力已经无法应对面试程序和相关问题，这是抗压能力不足的体现。

（5）惊讶。人一般会在超乎想象时表示惊讶，正向的惊讶是喜出望外，负向的惊讶是瞠目结舌。求职者在一对一面试时较少会出现惊讶的表情，因为自我表达都在自身的思想框架中。当在集体讨论时，候选人可能会出现惊讶的表情，以此表示对其他面试队友的观点持惊讶的态度，面试官可以以此作为面试切口进行后续追问。

（6）厌恶。候选人在面试时出现厌恶表情的机会不会很多。但在无领导小组讨论环节，当讨论环节处于无序讨论状态时，某部分求职者会出现厌恶的表情。表情背后表示对其他同伴表达观点的不认同，或者对其他成员的不接纳。当求职者面露厌恶表情时，这可以说明其本身在开放包容的能力上有所欠缺。

2. 看视线

（1）不敢直视。避免眼神接触，可能是紧张或不安情绪的表现，也可能是候选人内向或者害羞的体现，抑或是因为内心自卑、不够自信，抑或是不诚实，在隐瞒某些细节和客观事实。在面试这样的候选人时，要先从基础问题进行提问，渐进式的谈话策略会更好地打开对方，然后了解其内在特质，不能一棒子打死，很多优秀的研发型人才都不太善于言谈。

（2）眼神躲闪。躲闪对方的眼神是一种自我保护的体现，说明候选人内在心理特质缺乏安全感，害怕被评价，不够自信，对自己的个人能力现状比较焦虑。躲闪也是一种恐惧的表现，在遇见挑战时，可能会出现畏难情绪，缺少魄力，不够果断。这样的候选人不适用于开疆拓土的岗位，尤其是责任重大的管理者。

（3）视线集中。集中一点看对方，即在交流时将视线集中在对方脸上一个特定点，通常是眼睛或眼睛周围区域一个点。这种眼神是一种尊重和礼貌的表现，通过集中视线向对方传达自己的真诚和诚实，这也是一种很自信的表现。

（4）视线移开。视线移开可能代表思考，也可能代表对当前沟通的内容不感兴趣。也可能是紧张、胆怯或者对当下沟通内容不自信的表现。也有可能是一种避免冲突，自我保护的内在体现。如果是看了一眼就离开，没过多久又回来，也会给对方带来一种被嫌弃或者是被打压的心理投射。

（5）视线倾斜。视线倾斜指一个人看另一个人时，头部轻微倾斜，同时保持眼神接触，这是一种对说话内容很感兴趣、充满好奇的表现。表明候选人在很认真地聆听，某些时候也是一种传达同情和表示理解的体现，是一种友好和开放的姿态。如果以倾斜的视线面对异性，大多表示对对方有着强烈的兴趣。

（6）目不转睛。说话敢直视别人眼睛的人，为人坦诚，做事坦荡。而那些在说话过程中眼神游离、飘忽躲闪的人，可能是对对方表示喜欢，也可能有着向对方挑战的意味。

3. 看头部

（1）点头。点头表示"顺从"的意思。面试过程中常表示答应、同意、理解、赞许和支持对方的观点，大多是表示同意的意思。

（2）摇头。摇头表示"不"的意思，表示不认同对方观点。此外，也代表惊奇、震惊、惊讶，表示出乎意料和不可相信。

（3）抬头。抬头表示正在注意某个方向或事物，有时会与思考相关，有时也会象征希望，也有可能是对环境警觉性提高的表现，也可能代表强势、无畏或者傲慢的态度。

（4）倾斜。头部倾斜可能表明一个人正在认真倾听，也可能表示其感到困惑或不确定。因为这个姿势不会暴露人们的喉咙和脖子，可能会让人显得弱小和缺乏攻击性。

（5）低头。低头可能表示一个人正在沉思或者思考某个问题，也可能是一种顺从、谦逊或尊敬的表现。也可能表示感到害羞，避免目光接触，还可能是人们感到悲伤和沮丧的表现。

4. 看眼睛

（1）瞳孔放大。人在兴奋、恐惧、快乐或愤怒时，都可能出现瞳孔放大。当人们对某件事情感兴趣时，瞳孔会本能性地放大。在光线灰暗的环境中，瞳孔也会自然放大以接受更多的光线。

（2）瞳孔缩小。在强烈光线中，瞳孔会自然收缩，以保护视网膜。人在压力较小或冷静思考时，瞳孔也可能会缩小。在需要集中注意力或者细致工作时，抑或是心情紧张低落时，瞳孔也会缩小。

（3）先慢后快。先慢后快的眨眼代表着背后情绪的变化，说明候选人内心状态从松弛变为紧绷，下意识感到紧张、焦虑，情不自禁地快速眨眼。

（4）重重眨眼。人们会通过重重地眨眼来强调自己的观点或话语。偶尔重重眨眼也表示倾听者对说话者的尊重。某些情况下重重眨眼也是一种情绪表达，如惊讶、思考或怀疑。

（5）挤眉弄眼。挤眉弄眼是一种非语言沟通方式，通常用来表达玩笑或幽默感，显示说话者正在轻松愉快地交流。面试过程中候选人也可能以此来强调一个点，或增强话语表达的影响力。这也可能是一种对他人的制止性暗示，意思是让对方停止当前的言语或者行为。

5. 看眉毛

（1）扬眉。表示一个人在某种情况下感到自豪、得意或振奋，有时也会略显几分傲慢。也可能表示一个人心情舒畅、精神振奋，是积极情绪的表达形式。

（2）皱眉。表示一个人感到不悦、困惑、担忧或者在思考，也可能表示其对某个观点不认同，抑或是对某个问题感觉很诧异，是一种内心不适的应激性表现。

（3）耸眉。通常是表达惊讶、疑惑、不解或者质疑某事。有时表示的是一种不愉快的惊奇，还有时表示的是一种无可奈何的样子。

（4）斜挑。斜挑通常表达疑问、好奇、惊讶或者不信任。人们在思考或者注意力集中的时候有时也会斜挑眉毛。

（5）轻抬。轻抬眉毛后瞬间恢复原位，是为了把别人的注意力引到自己的脸上，让对方知道自己在问好。有时也会作为微笑的补充，是一种友好的表现。

（6）拉低。当人们感觉到不悦、担忧、焦虑、困惑和失望的时候，往往会有拉低眉毛的表情。在正式的场合，也可以传达一种严肃的个人态度。

6. 看嘴巴

（1）咬嘴唇。咬嘴唇能帮助人们平复心情，某种意义上是释放压力的行为，当人们心中充满愤怒或者怨恨又无处发泄时，常常以此来释放情绪。

（2）舔嘴唇。当人们紧张或焦虑时，会通过舔嘴唇来寻求安慰。有些人在思考或集中注意力时，也会不自觉地舔嘴唇。当人们期待某件事情发生时，也可能会舔嘴唇，这是一种兴奋或期待的表现。

（3）捂嘴。人们会在惊讶、震惊或激动时捂住嘴，目的是控制自己的情绪，避免过度表露感情。也有些人会在缺乏自信或感到紧张时捂住嘴，这是一种自我安抚的动作，以减轻内心的不安感。

（4）撅嘴。当感到不满、愤怒或受到不公正待遇时，可能会表现出撅嘴的动作。当期望未能实现，或者某事的结果令人失望时，人们也可能通过撅嘴来表达他们的不满和失望感。

（5）撇嘴。撇嘴是负面情绪的表现。当人们怀疑、不信任、轻蔑、不满、困惑或抱怨的时候，通常会表现出这种表情。人们在讲述讽刺故事或表达幽默感时，故意撇嘴可以传达讽刺或戏谑的情绪。

（6）抿嘴。当人们需要表现出决心、坚定或自我控制时，可能会抿紧嘴唇。当人们试图遏制自己的情感表达，如不哭出声或隐藏笑容时，往往也会抿嘴。在某些情况下，抿嘴可以表示对某件事或某人的不满或反对，尤其是在不想公开表示异议的时候。在感到不安、紧张、焦虑和尝试控制言辞时，人们也会有抿嘴的表现。

五、表达观察技巧

在面试过程中，候选人的表达能力可以显示出他们的沟通技巧。候选人能否清晰、准确地传达思想，也是评估他们逻辑思维的重要指标。

候选人在回答问题时使用的术语和专业知识可以显示出他们的专业水平和行业经验。所以，面试官可以通过候选人的表达方式，判断他们的自信程度、动机、热情、适应力等。

1. 声音

（1）声音较大。通常性格比较外向，喜欢与人交流，乐于表达自己的想法和情感。通常热情洋溢、充满活力，能够感染周围的人，营造轻松愉快的氛围。往往比较自信，不担心别人的看法。他们善于沟通，表达清晰有力，能够用声音吸引别人的注意力。他们通常具有较强的领导力，比较乐观积极，面对困难和挑战时能够用积极的态度去应对。

（2）声音较小。通常比较内向，不太善于表达自己，在社交场合中会感到害羞。他们可能比较谨慎，不喜欢引起别人注意。这类人是很好的倾听者，他们更愿意聆听他人的意见而不是主导对话。小声说话的人在说话前会深思熟虑，倾向于在发言前仔细思考。他们往往情感细腻、有礼貌、善于观察、注重隐私，行事风格比较低调。

（3）声音粗重。说话时声音粗重的人，身材大多比较健壮，以男性居多，但也不乏部分女性。这类人在性格上比较老实憨厚，属于没什么心机的人。这类人给人一种自信和权威的感觉，习惯于在群体中扮演领导者的角色。性格直率，喜欢直接表达自己的想法，不喜欢拐弯抹角，在说服或影响他人时可能更有优势。

（4）声音尖细。女性的声音比男性更为尖细，如果男性声音尖细，则代表其性格偏于女性化，缺乏男子汉气概。他们心思细腻、情感丰富，比较容易受外界影响。尖细的声音通常给人一种柔和温和的感觉，常常与年轻和活力相关联，给人一种年轻或未成熟的印象。在某些情况下，也可能被误解为缺乏自信或权威，尤其是在需要表达立场坚定时。

2. 语速

（1）语速快。语速快的人往往思维敏捷、热情洋溢、注重效率、反应迅速、思辨能力强，也有时代表讲话人紧张或焦虑。他们往往更适应快节奏的环境，在某些情况下说话更有说服力。他们善于表达自己，能够用语言清晰地传达自己的想法和观点。他们善于交际，更容易达到自己的目的。这类人性格暴躁、易怒，常一意孤行，也藏不住秘密。

（2）语速慢。语速慢的人属于稳重型，对金钱和名利没有太大欲望，无所谓得失，所以遇事不会惊慌。说话前倾向于深思熟虑，有耐心，更冷静沉着，慢语速有助于清晰地表达观点，使语言表达更有条理。语速慢的人更倾向于倾听，而不是一味地表达。表达情感时则更加深沉和内敛，不会过于激烈或冲动。但在某些情况下，说话慢可能会被误解为犹豫不决或缺乏自信。

（3）语速由慢变快。语速由慢变快说明情绪有了变化——从松弛变为紧张。当人们急于表达观点或分享信息时，就会加快说话速度。当人们意识到自己犯了错误时，也会加快语速来转移话题，目的是掩盖错误。

（4）语速由快变慢。语速由快变慢说明情绪慢慢变得平静，由急于表达变为缓慢输出，这是情绪平复的表现。某些时候讲话速度变得慢吞吞，甚至要断断续续说上许久，是缺乏信心、自卑而怯弱的体现。

3. 语气

（1）消极语气。使用消极语气的人，往往情绪比较低落，抑或是对某个话题或生活状况持有悲观的看法，也可能表示对某些事情感到失望或不满。消极语气给人一种缺乏动力的感受，表明讲话者持抵抗或抵触的心理。长期压力或疲劳也会让人变得消极。常用消极语气的人，大多性格内向，比较自卑，看什么都只看到糟糕的一面。

（2）积极语气。使用积极语气的人，通常对当前情况或未来持有乐观和积极的看法，他们往往热情洋溢，比较自信，善于鼓励他人，愿意为他人提供支持和正能量。积极语气是一种良好的社交技巧，面对问题和压力，积极语气可能表示说话者愿意寻找解决方案。积极语气还表明说话者具有良好的适应性，持开放的态度，讲话有影响力和感染力。

（3）严肃语气。严肃语气通常用来强调话题的重要性或紧急性，表明这是一个需要认真对待的问题，更多出现在正式场合。当需要维持纪律、传达一种权威感时，讲话者也会采用比较严肃的语气。对方讲话变得严肃的原因有两个：一是对方本身就是一个比较严肃、认真的人。二是他们本身并不是一个很严肃的人，只是为了表达自己的个人态度，才选择严肃的风格。

（4）亢奋语气。这类人往往偏外向，比较热情，精力充沛，生活态度偏乐观，社交能力强，有一定领导力；具备冒险精神，富有创造性，情感比较丰富，适应能力强，喜欢在工作中寻求新鲜感和刺激感，表达风格偏直率。

4. 表达风格

（1）直来直去。比较坦率，风格务实，对自己的观点有自信，注重效率，一切从实际出发，有一定的领导力，能够迅速带领团队直奔目标，注重结果导向。这类人内在比较独立，愿意聊具体的行动方案，不愿意闲聊，不喜欢绕弯子和含糊其词的沟通风格。也会表现出粗线条，缺乏对他人情绪感知的敏锐度，会让人感觉有些固执和死板。

（2）比较委婉。说话风格比较委婉的人一般考虑得比较周全，说话前会深思熟虑，不轻易冒犯他人，换位思考能力比较强。他们通常会以温和、友好的态度来对待冲突，会给人有礼貌和谦和的个人印象。这类人通常会让人感觉比较有教养，情绪控制能力强，善于调解人际关系，是团队合作过程中很好的黏合剂，他们具备良好的社交技巧，非常注重人际关系的和谐，努力维护周围环境的平衡。

（3）出口成章。说话出口成章的人往往有良好的语言表达能力，他们善于表达自己的想法，用词精准，思维敏捷，知识面广，阅读广泛，具备出色的记忆力。这类人说话时能够创造性地使用语言。对自己的能力比较自信，敢于在公众面前演讲，有一定的领导力，乐于分享自己的想法和见解，愿意帮助他人。

（4）掺杂外文。说明其可能精通两种或多种语言，具备多元文化背景，思维比较敏捷，具备一定的国际化视野。使用外文是一种身份标识，说明说话者与某个语言体系保持着联系，这是一种语言习惯，也是一种社交策略。

5."口头禅"

（1）"随便、差不多"。代表性格比较随和，会尽量避免冲突或争执，遇见事情缺乏主见，不拘泥于细节，不愿意承担责任。某些情况下，为了保持礼貌、避免显得过于挑剔，也会这样表达。有些时候则是希望通过这样的表达来鼓励他人提供意见或做决定。

（2）"可能、大概"。表明在表达观点时比较谨慎，不愿意过于断言，说明自我防范意识比较强，也反映出说话者对话题和情况的不确定性，避免表达绝对性的看法，愿意接受不同的观点和可能性。也可能是一类分析型的人，习惯于考虑多种可能性。某些社交场合使用这类表达是一种策略，目的是保持中立。说明在为人处事方面比较老练、圆滑，人际关系通常处理得很好。

（3）"啊、嗯、这个"。一般会使用这些词来争取时间，以便思考接下来要说的话，很多时候是一种表达习惯，会给人一种思路不清、反应缓慢、略显紧张和焦虑的感觉。有时也是一种社交缓冲的表达方式，帮助缓解紧张气氛。但是如果频繁使用，可能表明说话者缺乏自信，或对自己的表达不够确定。

（4）"据说、听说"。这类人通常比较谨慎，不妄下断言，处事圆滑，精于人情世故，见识广博，不会把话说绝。这类人也通常与传闻有关，在没有确凿的证据来支持他们的说法时，大多会采用这类表达方式，这也是一种保持中立立场、避免冲突的表达形式。

（5）"无聊、真没劲"。带有明显的消极情绪，表明对生活和工作环境缺乏动力和兴趣，对未来发展持悲观倾向。待人接物略显不够热情，频繁的消极性表达会显得缺乏自信，也可能是一种逃避责任的表现。也有人在生活和工作中面临巨大的心理压力时，借用这种略带调侃味道的口头禅来宣泄内心的压抑情绪，这类人并不是消极的人，只是将这作为一种阶段性情绪调节的表达方式。

（6）"太棒了、很好啊"。这类人通常比较热情、容易亲近，喜欢讲积极的词汇。说话有感染力，愿意支持他人，是一种自信开放的表现。通常有较高的情绪智力，善于管理情绪，愿意给环境带来正面影响，是一种积极性的语言表达方式。

（7）"坦白讲、说真的"。这类人倾向于强调真实性，渴望建立信任、获得认同感。与此同时也在尽量避免冲突、避免误解，期望给人可信和真诚的感觉。这同时也是一种社交策略，目的是调整人们的期望和反应。但如果过于频繁使用这样的沟通语言，会让人觉得有些可疑。

（8）"是吗、不是吧"。这类人生性多疑，对别人的话总是习惯性质疑。这类词语也会用来表达对某个消息的惊讶和震惊，某些时候人更愿意相信自己想相信的，而不是客观、开放性地接受一个真实的世界。这类人思维带有一定的封闭性，适合做细节排查性工作，例如审计类岗位。

（9）"必须、一定会"。这类人一般比较有自信，决策风格偏果断，表达风格有影响力和说服力，善于影响和说服他人。对自己说的话有自信和笃定感，能够在士气低沉的情况下传达信心，具备较强的个人信念，敢于向困难发起挑战，具备管理特质。

（10）"明白了吗"。一般比较爱控制，喜欢支配他人，内心存有傲气，给人一种居高临下的感觉。喜欢反驳他人观点，比较自我，希望把自己的观点强加给他人，换位思考和共情能力一般，这类"口头禅"更多出现在上级与下级的对话当中。

（11）"我不行"。这类人一般比较内敛，愿意把机会让给他人，更喜欢实事求是地看待自身能力，但有些时候也是不自信的表现。能够据实分析自身承担的具体职责，风险偏好较低。也有可能是畏难情绪过重，过于贬低自己，底层成因可能是成长环境中常年遭到原生家庭和亲人们的负面评价。

六、谎言识别技巧

1. 认识谎言

人之所以会说谎，是因为要满足个人需要，有人为摆脱困境而说谎，有人为避免尴尬而说谎，有人为获取利益而说谎，也有人为满足自身欲望而说谎。

在面试场景中，有候选人想通过说谎来弥补自身的不足，也有候选人想通过说谎来夸大自身的成就，也有候选人想通过说谎来避免留下负面的印象和评价。

说谎的成因虽然各有不同，但在面试场景中，说谎的动机是趋同的，无非是想通过谎言来遮掩不足，进而更多展现自己优势的一面，从而提升获得心仪工作的概率。

说谎本身是一件比较难的事情，因为人的潜意识是自觉且独立的，意识无法做到和嘴上所说的完全保持一致，所以人在说谎时，肢体动作会有所表现。

日常很少说谎的人，不管他们的谎言如何令人信服，都会比较容易被戳穿。从说谎的那一刻起，他们的身体就会显示出与谎言不相符的非语言信息，这些信息会让人察觉他们在说谎。

人在撒谎的过程中，会潜意识散发出紧张的能量，从而引发与口头语言相矛盾的手势和肢体行为。哪怕是经过训练的职业说谎者，他们也会反复练习与谎言能够达成一致的姿态和手势，但这种方式需要长期积累撒谎经验才可能奏效。

2. 识别谎言

（1）通过表情识别。通过表情识别谎言并非总是可靠的，因为表情是可以控制和伪装的，而且并非所有撒谎的人都会出现明显的表情变化。然而，在某些情况下，表情会提供一些线索，帮助识别谎言。

- 强迫性笑：撒谎者可能会用不自然或过度的笑来缓解紧张或填补沉默的时刻。
- 表情持续时间异常：表情持续时间过长或过短都可能是不真实的，表情通常持续3~5秒。
- 情绪的不自然性：不自然或过度夸张的表情可能表明一个人在伪装他的真实感受。
- 情绪的突然变化：情绪的快速或极端变化可能是在试图分散其他人的注意力或掩盖谎言。
- 面部僵硬：撒谎时，人们可能会因为紧张而导致面部肌肉僵硬。

（2）通过眼睛识别。通过眼睛来识别一个人的谎言并不是绝对可靠的方法，因为眼神和眼部动作受到多种因素的影响，包括文化背景、个人习惯、情绪状态等。然而，一些理论和观察表明，眼睛和眼部动作可以提供一些线索，帮助识别不真实的陈述。

- 东张西望：东张西望的人通常比较胆小怕事，也就是说他们根本就不会说谎，因此说谎时感觉像是做了亏心事似的。
- 揉眼睛：有些人会用力地揉眼睛，如果谎说得过大，他们还会把视线转向别处，较多的是看地面，也有人看周围的景致。
- 避免眼神接触：有些人在说谎时可能会减少或避免与他人眼神接触，因为他们担心被看穿。
- 过度补偿：与避免眼神接触相反，有些人可能会过度补偿，故意增加眼神接触，试图显得诚实。
- 快速眨眼：说谎时可能会不自觉地加快眨眼的频率，这是紧张或不适的一个迹象。
- 眼睛向上或向旁边看：在思考或编造故事时，有些人可能会向上看或向旁边看。

（3）通过肢体动作识别。肢体动作是非语言交流的重要组成部分，可以传达一个人的情绪状态和真实感受。撒谎可能会给个体带来心理压力，这种压力可以通过心跳加速、呼吸急促、出汗等生理反应体现，进而影响肢体动作。所以，当一个人的肢体动作与其正常或基线行为产生偏离时，可能就是欺骗行为的迹象。

- 抓耳朵：说谎者会用这些小动作来掩饰内心的忐忑。这些动作也显示出他们比较胆小，年龄一般都不大。
- 双手抱胸同时后退：这是一种下意识的退缩，表示说谎者可能感到心虚。
- 摸脖子：如果每次都用右手的食指挠耳垂下边的颈部，并且都在五次以上，代表怀疑或不能确定的意思。
- 说话时抚弄衣服：这种行为称为控制性动作，表示其可能在撒谎。
- 碰鼻子：采用这种动作的人是为了掩饰心中的慌乱，或是希望转移对方的注意力。
- 手指放在嘴唇之间：大部分用手接触嘴唇的动作都与撒谎和欺骗有关。
- 身体僵硬：人们在撒谎时，或者因为心虚，或者因为思考被分心，其肢体动作往往会比平时减少。
- 寻求空间庇护：当人们撒谎时，为了躲避对方语言上的攻击，往往会在身体上寻求庇护，如会微微侧过身去。

（4）通过声音识别。撒谎时，一个人的声音可能会变得异常高或异常低，这反映了他的情绪波动或试图控制自己的声音。撒谎者在说话时也可能会出现不寻常的停顿或犹豫，因为他们需要时间来思考接下来说什么。

- 停顿：是因为撒谎者事先没想到会撒谎，或者虽然有准备，但由于内心恐惧，临场发挥失常，忘记事先编好的说辞。

- 说话结巴：当人们说谎时，紧张的情绪会导致肾上腺素分泌异常，所以说话时会出现结巴的现象。
- 声调变化：人们在撒谎时，音量和声调会不自觉地提高，主要是内心恐惧所导致。相反，如果撒谎者内心充满了愧疚，他们的音量和声调则会降低。
- 语速变化：如果语速突然出现变化，那一定是内心起了波澜。例如，语速突然加快，是说话人掩饰内心不安或恐惧的表现。

（5）通过表达方式识别。谎言可能导致说话内容与已知事实、常识或个人基线行为不一致。撒谎者可能会避免提供具体细节，因为细节容易在反复询问中出现矛盾。所以，谎言可能包含模糊的语言，如使用"可能""或许""大概"等不确定的词汇。撒谎者也可能会回避直接回答问题，转而提供无关的信息或偏题的回答。

- 不愿提及自身姓名：人们在撒谎时会感到不舒服，因此，他们会本能地将自己从谎言中摘除。
- 不小心说漏嘴：很多人之所以谎言穿帮，不是因为他们能力有限，而是因为他们太掉以轻心。
- 对问题的生硬重复：为了不让对方怀疑，撒谎者苦于没时间及时思考，只好通过重复对方的问题来赢得时间。
- 喜欢转移话题：撒谎会带来巨大心理压力，尤其在对方的逼问下，由于担心谎言被识破，撒谎者喜欢转移话题。
- 描述不符合逻辑：很多谎言看似天衣无缝、滴水不漏，但实际上都会留下具体的逻辑错误。
- 提供多余的信息：撒谎者总想把谎言编织得更完美，因而会用大量词汇反复修饰谎言，主动告诉对方很多非必要的细节。

第十三章　评价技巧解析

要提升面试效度，首先要了解印象形成机制，尤其是对刻板印象的理解。面试评价不受刻板印象的影响，才是面试效度的基本保证。印象形成是社会心理学的一个概念，指的是个体基于有限信息对他人、事物或情境形成总体评价的过程。

印象的形成是动态的、多维度的过程。首因效应、近因效应、光环效应、社会比较、归因习惯和情绪状态等多方面要素都会影响印象形成。所以，要成立面试小组来打破单一视角评价的局限性，以此把刻板印象和个人偏见降到最低。

而关于刻板印象的研究，更有百年之久的历史。早在 1922 年，美国新闻评论家和作家李普曼首次提出刻板印象这一概念，其一经提出就成为社会心理学领域备受关注的研究方向。

刻板印象是指人们对某个群体或个体持有的固定、简化和一般化的看法，这些看法往往是基于性别、种族、年龄、宗教、职业和社会阶层等社会分类方式而形成的预设观念。刻板印象可以是积极的，也可以是消极的，但它们通常是不准确的，因为它们忽略了个体的独特性和群体内的差异性。

在现实生活中，有太多刻板印象存在，例如：女性更擅长照顾他人、更情绪化，适合从事教育或护理等工作；男性更加坚强、理性，适合从事工程、科技或领导等工作；工程师或程序员常被认为缺乏社交能力，大多是"书呆子"类型；艺术家或设计师常被认为情绪化、不切实际；身材较胖的人被认为懒惰或缺乏自控力；残疾人士被认为缺乏能力或需要过度的照顾和同情。

以上，都是现实生活中常见的刻板印象，面试过程中面试官要对刻板印象有所觉察，不能用有色眼镜看人，要时刻保持中性客观的观察视角。

一、评价注意事项

（1）**首因效应**。首因效应指在一系列信息呈现中，最先接收到的信息对人们的印象和评价有着较大的影响。换句话说，人们倾向于更多地重视和记住他们最初接触到的信息。首因效应的影响可能导致面试官对候选人的评价不够全面或准确，因为过分依赖早期信息可能会忽略候选人在面试后期展示出的其他重要特质或能力。

（2）**光环效应**。光环效应指当面试官对候选人的某一正面特征印象深刻时，这种好感可能会扩散到对候选人其他特质的评价中，从而影响整体评价。换句话说，如果候选人在某个方面给面试官留下了极好的印象，面试官可能会无意识地认为该候选人在其他方面也同样出色，即使这些方面的表现并未得到充分证明。

（3）**顺序效应**。顺序效应指候选人出场的顺序会影响面试官判断的现象。如果上一个候选人表现非常好，而当下的候选人表现欠佳，面试官会觉得当前这个候选人表现很一般；如果下一个候选人表现得更差，面试官则会觉得当下的候选人表现还可以，这就是顺序效应。

（4）**羊群效应**。羊群效应指在面试合议环节，小组成员会盲从职位较高或资历较深的面试官所做出的评价。人们往往倾向于随大流，从众心理和群体压力无处不在。这种现象会导致面试结果出现偏差，因为某位面试官质疑或担心的要素，也许恰恰是候选人的软肋，这都是有可能的。

（5）**疲劳效应**。疲劳效应指的是面试官由于长时间工作导致精力消耗较大，导致对最末期出现的候选人行为观察缺乏细节性。尤其在国企、央企、银行的校园招聘面试中，面试官连续多天持续面试会导致个人精力消耗过大，可能出现前、后期面试严苛程度差异化，出现前紧后松的现象，从而影响面试评价的效度。

（6）**宽容效应**。宽容效应指部分面试官会因为受到候选人情绪的感染，给考生打出同情分，抑或是因为熟人关系，碍于情面给出人情分。这种因为特殊的个人情感抑或是私下的社会熟人关系，面试官自主降低评价标准的面试形式，称为宽容效应。

（7）**似我效应**。似我效应指面试官倾向于选择那些与自身在某些方面有相似背景的候选人，这种相似性可能包括多种因素，如教育背景、工作经验、兴趣爱好、价值观、文化背景或个性特征等。面试官对那些与自己有共同之处的候选人给予更高的评价，这是一种明显的选择性偏好，这种偏好一定会带来评价偏差。

二、评价类型

在心理学领域有两种不同的人格理论，分别是类型论和特质论，这两种理论提供了不同的框架来理解和描述人格差异。在面试中也是一样，面试评价在结果输出时都会对面试指标进行评价，这种基于不同指标的面试评价就如同基于不同特质对人格的分析，是一样的逻辑。

但是在面试最终结束时，面试官往往会结合候选人不同维度的得分状态对候选人进行个人素质画像归类，如候选人更倾向于在团队中扮演一个组织者、创新者、分析者或推动者。这种类型的归属就和人格理论中的类型论相似。以下分别对类型论和特质论展开描述。

1. 类型论

类型论有很多，我们常说的星座、血型都是类型论，近些年来正火起来的迈尔斯—布里格斯类型指标（MBTI）也是类型论。常见的类型论还有贝尔宾团队角色理论和恩尼格玛九型人格理论。

我们以九型人格为例。九型人格分为九种类型，每种类型都有其独特的动机、恐惧、愿望和行为模式。九型人格不仅关注外在行为，还关注内在动机和情感体验。其简要特点如表 13-1 所示。

表13-1 九型人格的九种类型

序号	类型	特点
1号	完美型	• 追求完美，有高标准 • 关注错误和改进 • 可能过度批判和自我批评
2号	助人型	• 乐于帮助他人，关心别人的需要 • 寻求被需要和认可 • 可能在忽视自己的需要时感到疲惫
3号	成就型	• 追求成功和成就 • 有竞争力，注重形象 • 可能过度工作，避免失败
4号	独特型	• 寻求自我表达和个人认同 • 敏感，富有创造力 • 可能情绪化，害怕失去独特性
5号	智慧型	• 追求知识和理解 • 观察和分析，喜欢独处 • 可能过度退缩，避免参与
6号	忠诚型	• 寻求安全和支持 • 忠诚，负责任 • 可能疑虑重重，害怕不确定性
7号	活跃型	• 追求快乐和新鲜体验 • 乐观，多才多艺 • 可能冲动，避免痛苦和无聊
8号	领袖型	• 追求控制和自我强化 • 强大，自信，有领导力 • 可能好斗，害怕软弱和被控制
9号	和平型	• 寻求和平与和谐 • 适应性强，有耐心 • 可能过于被动，害怕冲突

类型论是以"分类类型＋类型描述"的展现形式存在的，其一般在面试

合议环节应用比较多。候选人经过完整的面试流程后，部分面试官会以企业内部的员工代表或社会公众人物作为参照物对候选人的行为风格进行类比评价，这种分析过程是类型论在面试评价过程中的应用形式。

2.特质论

1937年美国心理学家奥尔波特首次提出了人格特质论，特质论和类型论的区别是特质论不分类。特质论基于对细分人格特质进行分析从而输出人格画像，这种画像的展现形式可能是雷达图，也可能是柱形图。例如坚韧、开放、利他、活力、忧虑、尽责等都是人格特质指标。特质论倡导的是对人格特质进行测量与分析，从而更科学、更具体地对人格进行描述。

当下面试工作中的面试评分表就是人格特质论的另外展现形式。面试评分表一般由5~8个面试指标组成，例如大学生面试一般都会考查沟通表达、逻辑思维、团队协作、抗压能力等指标。社会招聘一般都会考查经验积累、专业能力、灵活适应和专业学习等指标。

这种基于指标对候选人能力进行考查的面试形式，恰恰能够与岗位胜任力模型相吻合，这样的评价形式也正是提升人岗适配度的技术所在。

三、评价框架示例

每个面试官都应该有一套适用于自身的人才评价框架，这个框架既能覆盖不同的能力侧面，又能够对人的整体画像进行描绘。

冰山模型是一套人才评价的经典框架，不同的冰山层代表不同的释义，每个冰山层又是一个完整独立的细分领域。那么如何结合冰山模型制订一套属于面试官自身的评价模型，这会成为区分专业面试官和初级面试官的关键所在。

以下是我个人在冰山模型基础上衍生出来并重复实操的评价框架，其框架也分为冰山上和冰山下两个方面，冰山上为显性部分，冰山下为隐性部分。具体框架如图13-1所示。

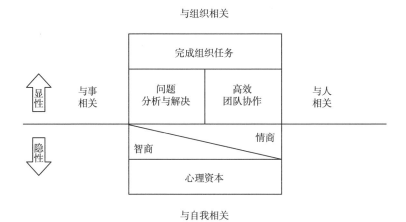

图13-1 评价框架示例

1. 显性指标

显性指标包括与组织相关、与事相关和与人相关三个维度，在与组织相关的维度中单独择取一个大的指标是"完成组织任务"。同理，与事相关的维度中单独择取出一个大的指标是"问题分析与解决"，与人相关的维度中单独择取出一个大的指标是"高效团队协作"。

这三个指标的择取逻辑均源于实际应用，员工来到企业后的首要任务是要发挥自身的价值，但并不是员工的所有价值都会被组织所需要。

首先，员工要结合企业业务需要来释放自身的价值，而这个价值释放的过程就是要完成组织任务。企业对每个岗位、每个员工的职能定位不同，员工需要完成的组织任务也会因为自身所处的岗位不同而不同。

其次，员工在完成任务的过程中会涉及任务分配和团队协作，不同的任务有不同的解决方案，而制订解决方案背后的核心能力是问题分析与解决。

但问题分析与解决并不会完全由一人完成，组织是个有机生命体，是个关系协作网络。所以，在问题分析与解决的过程中，一定会涉及组织内部协作。因此，高效团队协作和问题分析与解决两个指标同等重要，且是共生共存的关系。

以下，是关于三个指标的释义。

（1）完成组织任务：基于企业战略发展目标的达成，员工从自身岗位职责出发，完成组织发展过程中的具体任务的能力。

（2）问题分析与解决：基于需要完成的具体任务，员工结合自身的知识、经验、技能及其他资源，对任务的解决方案进行制订并高效执行的能力。

（3）高效团队协作：在具体任务达成过程中，员工与相关干系人就任务解决方案、项目执行计划及过程推动等方面进行高效沟通与协作的能力。

2.隐性指标

隐性指标有别于显性指标，显性指标更多关注于组织实践，隶属于解决实际问题的硬本领。而隐性指标更多关注于自我内在，隶属于个人成长的软素养。

隐性指标包括三个指标，分别是智商、情商和心理资本。

智商是自我学习专业知识和领悟事物运行规律的能力，新知识的习得和新技能的掌握都需要智商来支撑。

情商是自我情绪管理、自我激励和与他人建立高质量关系的能力，高效团队协作的关系需要情商来支撑。

心理资本属于核心层，代表一个人内心世界是否具备自我肯定、自我滋养、自我生长的能力。

之所以选择这三个指标作为人才识别的潜层特质，是因为这三个指标足够重要。心理学家对于智商、情商和心理资本的研究均已沉淀了完善的知识体系。

与此同时，如果一个候选人在这三个指标上都能具备较好的潜能储备，这样的候选人在未来工作中面对压力与逆境时，会迸发出更强劲的生命力和成长潜能。尤其是心理资本，心理资本对于一个人的长远发展至关重要，这是独属于每个人的内在宝藏。

以下，是关于三个指标的释义。

（1）智商。智商是衡量个体智力水平的指标，通过一系列标准化测试来评估一个人在其年龄段的智力得分。智商是一个复杂的概念，它涉及个体的认知能力、逻辑推理、记忆、词汇、空间感知等多个方面。

（2）情商。情商是一个人理解和管理自己情绪，以及识别和影响他人情绪的能力。情商高的人能更好地处理人际关系，情商包括认识自身情绪的能力、妥善管理情绪的能力、自我激励的能力、认识他人情绪的能力和人际关系的管理能力。

（3）心理资本。心理资本是指个体在成长和发展过程中表现出来的一种积极心理状态，是超越人力资本和社会资本的一种核心心理要素，是促进个人成长和绩效提升的心理资源。

心理资本包括个体的希望、乐观、自我效能和韧性等正面情绪与心态。心理资本作为一种重要的心理资源，对于个人的成长、成功和幸福以及企业的竞争优势和绩效提升都具有显著的影响。员工通过有意识地培养和提升心理资本，可以更好地应对生活中的挑战，实现个人和组织的可持续发展。

四、评价指标释义

面试官之所以不知道怎么看人，一个原因是面试官对面试这件事没有整体性概念，不知道如何提问，不知道面试过程如何组织，不知道如何做细节观察并进行交叉验证。

另一个原因就是面试官本身掌握的评价指标不够多，不够成体系。评价指标是面试官观察人的入口和评价人的刻度，例如外向和内向这类指标，所有人都知道是性格类分析指标，但企业面试官仅仅用这两个指标评价人是完全不够的。

人才评价有很多框架，每个一级指标下都有很多个二级指标，每个二级指标下也会有很多个子指标。如果面试官不知道如何对不同的指标进行分类，那在评价人的时候就很难有层次感，颗粒度也不会很细。所以，面试官掌握评价指标的多少，直接影响面试结果。以下，是一些常用的人才评价指标（图13-2）。

图13-2 评价指标的九个类别

1. 动机类指标

动机是引起、推动、维持与调节个体行为，使之趋向一定目标的心理过程或内在动力。由人的自然属性、自然需要引起的动机称为自然动机，由人的社会属性、社会需要引起的动机称为社会动机。

美国哈佛大学教授戴维·麦克利兰于20世纪50年代提出了成就动机理论，认为个体的高层次需求可以归纳为对成就、亲和和权力的需求。

（1）成就。指个体追求卓越、努力达到或超越一定标准的内在驱动力。高成就需要的人倾向于设定具有挑战性的目标，喜欢独立工作，追求个人成就，对工作成果有强烈的内在兴趣。

（2）亲和。指个体对于建立和维持友好社交关系的需求。高亲和需要的人倾向于与他人建立良好的人际关系，追求社交活动，并对他人的认可和接纳有较高的需求。

（3）权力。涉及影响或控制他人，以及被他人认可和尊重的需求。分为个人化权力需要和社会化权力需要。个人化权力需要的个体追求权力是为了个人利益，而社会化权力需要的个体追求权力是为了集体或组织的利益。

2. 性格类指标

性格是指一个人在情感、思维和行为上稳定心理特征的总和。它是个体独特的心理和行为模式，这些模式在不同情境下相对稳定，并定义了个体与环境互动的方式。

瑞士心理学家卡尔·荣格在他的著作《心理类型》中将性格区分为内向和

外向两种基本类型，这也是至今在现实生活中广为人知的性格分类方式。

（1）外向。喜欢与人交往，积极参与社交活动，精力充沛，活跃于各种活动和事件中。对新体验、新想法和新人群持开放态度，倾向于表达更多的正面情绪，通常从与他人的互动中获得能量，更喜欢寻求刺激和冒险，愿意尝试新事物，通常拥有广泛的社交网络和多样的人际关系。

（2）内向。喜欢独处或在小团体中，在大型社交活动中感到不太自在，能从独处或安静的环境中获取能量。倾向于深入思考，喜欢反思和内省，愿意聆听他人的想法和感受，更倾向于独立工作，不太依赖他人的意见或帮助，对感兴趣的领域有很高的专注力和集中力，倾向于避免冲突，寻求和谐，有较高的创造力。

3. 思维类指标

思维是高级、复杂的认知活动，它需要借助语言、表象或动作来实现。思维揭示事物的本质特征和内部联系，在反映过程上具有概括性和间接性的特点，是认知的高级形式。人的思维活动主要表现在概念形成、判断推理、问题解决和行为决策中。

（1）成长型思维与固定型思维。

成长型思维指的是一种信念，即认为个人的能力、智力和才华是可以通过努力、学习和坚持不懈来发展和提高的。

固定型思维是指个体相信自己的智力、能力、才华等是固定不变的，不可通过努力来提高或改变。

（2）感性思维与理性思维。

感性思维是指一种基于直觉、感觉、经验和非理性因素的思考方式，它强调对事物的情感反应和个人感受。

理性思维是指一种基于逻辑、证据、分析和推理的思考方式，它侧重于客观性、系统性和合理性。

（3）演绎式思维与归纳式思维。

演绎式思维是一种由一般到个别的逻辑推理方法，它从普遍原理出发，推导出特定情况下的结论。演绎式思维的核心在于前提和结论之间的必然性，即前提为真，那么结论也必定为真。

归纳式思维是一种从个别事实或实例中提炼出一般性规律的推理过程，是通过分析特定案例来形成一般性结论的过程。它依赖于观察到的现象，从中寻找共性并推广到更广泛的情况。

（4）聚合式思维与发散式思维。

聚合式思维，也称为收敛思维，是一种将大量信息、观点或想法集中起来，从中提炼出共性、核心或关键点的思维方式。

发散式思维是一种开放性的思维方式，它鼓励从多个不同的角度和方向来探索问题，以产生多种可能的解决方案或创意。

（5）批判性思维与创造性思维。

批判性思维是一种理性、分析性和评估性的思维方式，它要求个体在面对问题和论证时，能够独立思考，提出质疑，并基于逻辑和证据来支持自己的观点。

创造性思维是一种能够激发新观念、新方法和新解决方案的思维方式，它通过创新来打破现有的框架和思维定势，不仅指独特的产品或想法，更是指在解决问题时的全新方法和途径。

4. 价值观类指标

价值观是个体核心的信念体系，是个体评价事物与抉择的标准，价值观对态度有直接影响。价值观是多元化的复杂系统，该系统包含许多成分，每个人的价值观或多或少都具有各种成分，由于相对强弱不同，每个人主导的价值观也不同。

（1）薪酬福利。看重是否能带来满意的经济收入及福利。

（2）学习成长。看重是否能学习到新知识和新技能。

（3）生活平衡。看重是否能保持生活和工作之间的平衡。

（4）工作稳定。看重劳动雇佣关系是否能够长期稳定。

（5）团队和谐。看重团队之间的人际关系是否和谐。

（6）发展机会。看重在发展中能否为个人创造成长机会。

（7）企业声望。看重企业品牌在行业内是否获得认可。

（8）社会价值。看重自身工作成果是否对社会有帮助。

（9）声望荣誉。看重是否能得到来自他人的肯定。

（10）权力地位。看重个体的岗位与职责是否有话语权。

5. 行为风格类指标

行为风格是一个人的一般行为特征，是个体在过去的生活和工作经历中逐渐形成的稳定的行动方式和行动倾向。

美国心理学家威廉·莫尔顿·马斯顿博士在《常人之情绪》一书中提出人的行为风格分四类，分别是支配型、影响型、稳定型和谨慎型。

（1）支配型。这类人通常自信、果断，喜欢掌控局面，他们倾向于迅速做出决策，追求效率和结果。

（2）影响型。这类人通常外向、友好，喜欢与人交往，他们擅长沟通和说服，能够影响他人的观点和行为。

（3）稳定型。这类人通常耐心、可靠，喜欢稳定和有序的环境，他们通常是团队中的协调者，能够维持团队的和谐。

（4）谨慎型。这类人通常注重细节、精确，遵循规则和程序，他们喜欢计划和组织，追求完美和高标准。

6. 心理健康类指标

心理学家评估个体心理健康时会考虑一系列指标，这些指标通常覆盖情感、认知和行为等多个方面。心理健康是一个多维度的概念，单一指标很难全面反映一个人的心理健康状态。

目前，心理学家大多会从积极心理和消极心理两个维度来评估个体的心理状态，这种分类强调心理健康不仅仅是没有心理疾病，还要具备积极的心理特质，如幸福感、满足感、个人成长等。

（1）积极心理。

①自信。自信是指个体对自身能力、价值和判断的信任与肯定，反映人在面对挑战、做决策或采取行动时的内在信念和自我评价。

②乐观。乐观是指一种积极的生活态度和心理倾向，指的是个体倾向于期待和相信未来会有积极的结果、会有好事发生，并且在面对困难和挑战时能够保持希望和信心。

③友爱。友爱是指个体之间建立的一种亲密、温馨、积极的情感联系，它通常涉及深厚的情感投入、关怀和信任。

④进取。进取是指个人不满足于现状，愿意付出更多努力去实现更高目标和理想的心理特征，是推动个体不断前进的心理因素。

⑤勇气。勇气是指个体面对困难、挑战、恐惧或危险时所表现出的无畏、坚定和勇敢的品质，它涉及在逆境中保持坚韧不拔和积极应对的态度，即使在压力或不确定性的情况下也不退缩。

（2）消极心理。

①自卑。自卑是指个体对自己的能力、价值或地位感到不足或不如他人。自卑感可能源于多种因素，包括个人经历、社会比较、失败的体验或内在的自我评价。

②自恋。自恋指的是一种以自我为中心、过分关注自我形象、自我价值和自我重要性的人格特质或障碍。

③孤僻。孤僻通常指个体在社交或情感上感到孤独，缺乏与他人的联系和互动。它可以是一种主观的情感体验，也可以是一种生活状态。

④抑郁。抑郁通常指一种心理状态，其中个体感到持续的悲伤、绝望、无价值或失去对生活的兴趣。抑郁可以是短暂的情绪体验，也可以是长期的心理障碍。

⑤焦虑。焦虑是指个体在面对不确定性、压力、危险或预期的负面结果时可能会感到焦虑，它涉及对未来可能发生的事件或情况的担忧和紧张，这些事件或情况被感知为具有威胁性。

⑥暴躁。暴躁是指个体在这种状态下容易变得烦躁不安、易怒或对小事情反应过度。暴躁可能表现为情绪的快速变化、不耐烦或对他人的敌意。

7. 自我管理类指标

自我管理是指个体对自己的行为、情绪和思维进行有效控制和调节的能力。自我管理类指标通常用来评估个体在自我调节、自我监督和自我提升方面的能力。例如：目标设定、时间管理、自我激励、情绪调节、灵活适应、压力管理和社交技能等。

（1）严于律己。指的是对自己严格要求，不仅在工作和学习中追求高标准，而且在日常生活和社会交往中也遵循严格的道德准则和行为规范。

（2）灵活变通。指的是在遇到难题或挑战时，不拘泥于固定的模式或方法，而是能灵活调整策略，寻找新的解决方案。

（3）组织忠诚。指的是员工对企业或组织的忠诚度，包括了员工对所服务企业尽心竭力的奉献程度以及心理上的归属感。

（4）平易和善。指的是性情谦逊平和、文字浅显易懂以及态度友善、行为亲切的一种品质。

8. 任务管理类指标

任务管理类指标是用于评估个体或团队在规划、执行、监控和完成特定任务方面效率和效果的一系列标准。这些指标有助于提高生产力，确保目标的实现，并为持续改进提供依据。

例如：质量控制、资源利用、成本分析、任务分配、进度跟踪、风险管理、团队协作、创新改进和技术指导等。

（1）组织协调指的是根据工作任务对资源进行分配，同时控制、激励和协调群体活动过程使之相互融合，从而实现组织目标的能力。

（2）目标导向指的是个体或团队以实现既定目标为导向的思考和行为模式，其核心在于通过明确的目标设定来引导行动，并通过持续努力达成目标。

（3）高效执行指的是在明确目标的基础上，通过制订详细计划、迅速行动、灵活调整、严格监控和及时反馈等一系列环节，确保目标的有效实现。

（4）复盘总结指的是一种系统性的回顾和分析方法，旨在通过对过去事件、项目或决策的深入剖析，识别成功与失败的关键因素，从而提取有价值的经验和教训，为未来行动提供建议。

（5）风险管控指的是一套旨在识别、评估、监控和减轻风险的系统方法，用以保护组织免受潜在损失的过程。

9.人际管理类指标

人际管理类指标是指用于评估个体在人际互动、沟通、团队合作和领导力等方面能力的标准。这些指标有助于提高工作场所的人际关系质量，增强团队协作，以及提升领导效能。

例如：沟通能力、冲突解决、团队合作、建立信任、人际管理、开放包容、同理心、换位思考和人际敏锐等。

（1）沟通影响指的是通过有效的沟通技巧和策略，在与他人的互动中产生积极的效果，促使对方接受你的观点和建议。

（2）人际洞察指的是在人际交往中，通过观察和分析深入理解他人的内心世界，包括他们的想法、感受和动机等。

（3）换位思考指的是从他人或其他角度的视角来思考、感受和理解问题的过程。它不仅是一种思维方式，更是一种能够促进人际关系和谐、解决问题并增进个人成长的重要能力。

（4）识人用人指的是通过观察、评估和理解他人的性格特点、能力水平、发展潜力等，以合理地分配工作、发挥每个人的长处并促进团队合作的能力。

（5）关系建立指的是与有助于或可能有助于完成工作相关目标的人，建立或维持友善、温暖的关系或联系网络的能力。

五、评语撰写技巧

面试官要想写出扎实的面试评语，首先要掌握尽可能多的评价指标和指标释义，这是面试官的基础文字功底。上文从心理学和管理学角度对不同指标进行整理和解析，目的就是帮助面试官更完整地建立多元概念思维，夯实人才评价概念性认知深度和构建概念关系网络，这是面试官系统提升识人能力的必备知识。

面试评语撰写技巧是保证面试结果输出质量的关键技巧，面试官既要保证面试评语的缜密性，也要保证面试评语的靶向性。关于人才画像的描绘，会在多场景中进行应用，例如消费领域和刑侦领域。面试场景中候选人能力画像和消费领域中消费者画像，以及与刑侦领域犯罪嫌疑人画像既相似又有所区别。

面试场景中的候选人能力画像更注重候选人本身的基础能力和关键能力的画像撰写，而消费者画像更聚焦在消费者人群，而非某一个消费者个人，是群体画像，而不是个体画像。所以，两者会有所不同。

此外，犯罪嫌疑人画像是一个极其具体的人员画像，任何细节行为参数都会作为画像构成部分，而候选人能力画像会分主次，主要围绕岗位关键能力项展开评价与描述。所以，两者也会有所区别。

1. 评语撰写规则

面试官在撰写面试评语时要遵循以下原则。

（1）客观：要基于候选人实际表现进行评价，面试官不能个人主观臆断。

（2）具体：要基于细节来进行评价，如回答问题的质量或行为特点等。

（3）专业：要使用专业术语，不能使用非正式或模糊不清的语言。

（4）简洁：要保证评语简洁明了，避免冗长和不必要的描述。

（5）相关：要围绕职位要求和公司文化要求展开撰写，不能天马行空。

（6）突出：要保证评语主次分明，着重突出与职位相关的能力描述。

此外，还会包括保密、正面、平衡和行动导向等原则。好的面试评语不仅在员工入职前为录用决策提供分析依据，也会在员工入职后为人才发展提供分析基础。

2. 内容结构

面试评语撰写本质上是文本表达工作，文本表达就要注重结构化表达，结构化表达会让读者更直接了解结果和内容要义。面试官评语内容应包括基础信息、通用指标和特定指标三个方面。

基础信息更多由简历呈现，但并不是所有候选人都会把个人简历写得很扎实。所以，面试官在面试过程中也会对候选人的职业履历进行客观信息挖掘，例如，入离职时间的确认和校准、职业断档期的个人学习与成长以及离职跳槽的底层原因挖掘等，这些都是候选人的职业相关基础信息。

通用指标更多指的是综合职业素养和通用能力，具体包括性格特质、职业动机、行为风格、沟通技巧、抗压能力和情绪稳定等共性维度和通用指标。这些指标都更多是基于人本身的属性而展开，也是识别人与人之间差异性的共性指标，这样的指标描述是对候选人职业基本面的描述。

特定指标指的是围绕岗位任职资格要求而展开的指标描述，这也是直接关联人岗适配度的语言描述。特定指标中包括岗位所需要的专业知识、从业经验、特定能力和任职风险等，尤其在风险性的排查上非常重要，特别是在核心管理及技术类岗位上，特定指标的评语撰写一定要细节且具体。

3. 评语范本

面试评语需要由评价主体、评价等级和内容佐证三部分组成，评价主体是不同的能力项，例如沟通能力、变革领导等。评价等级一般会分为五级，包括优秀（非常好）、良好（较好）、一般、较差和很差。有的面试小组也会分为三级，包括优秀、良好和一般。内容佐证是指对面试评语的支撑，内容源于候选人职业经历，或者是源于后选人的面试行为表现。

综上所述，面试评语的范本可以做如下描述。

范式一：候选人逻辑思维能力较好，面试过程中自我介绍准备充分，逻辑清晰，表达流畅，全程无卡顿，并且回答面试官问题时能听出侧重点，可以快速给出反馈。

范式二：候选人自信心较差，面试过程中语言表达卡顿现象频发，自我介绍环节手部小动作明显，行为表现非常拘谨，不敢直视面试官视线，回答面试官问题时思考时间过久，语言表达中气不足，声音过小。

范式三：候选人组织能力非常好，曾作为负责人组织过校园十佳歌手大赛，在校期间作为院学生会主席，多次组织校内活动，且成立竞赛小组参加省级大学生创业竞赛并获得一等奖。面试过程中语言表达流畅，能够兼顾其他面试同学的想法，组织大家高效讨论问题并汇总答案，助力团队高质量完成面试任务。

实操篇

第十四章　简历分析技巧

简历是个人职业生涯的介绍书，也是个人职业品牌的说明书。简历是职业生涯的缩影，不同职业生涯的简历各不相同，虽然简历格式大同小异，但简历内核却相差千里。

简历中囊括大量的社会标签、个性标签、价值观标签、知识标签等。标签的不同组合呈现不同的职业形态，职业形态的背后是职业生命力的显现，需要面试官用心去分析候选人的简历。

一、内在性分析

简历分析可以分为内在性分析和外在性分析，内在性分析是对不同简历参数之间的关联关系进行分析，是对一份简历的整体逻辑进行分析，是对每个简历参数的内在成因进行分析。

内在性分析是通过冰山上的显性信息去识别冰山下的隐性特质，内在性分析可以从价值性、合理性和适配性三个角度展开。

1. 价值性分析

价值性分析是通过简历对候选人在职业生涯中所沉淀的职业价值进行分析。分析其所从事具备高价值属性的职业经历有哪些，且不同价值点之间的关联价值在哪里，过往是否在某一领域持续深耕并形成一定的行业影响力和个人知名度，其职业综合价值对招聘岗位的价值贡献有多高等。

价值的判定形式和判定标准各异，需要每位面试官根据企业需要自行判定。但价值分类有规律可循，可以把价值分为经验性价值、专业性价值、资源性价值和成长性价值。当然，价值的展现形式有很多种，也可以通过其他分类形式对价值进行判定。

（1）经验性价值。

经验性价值看的是候选人在过往工作中积累了哪些稀缺属性的工作经历。例如管理过千人以上规模的团队，有过独自搭建团队并从 0 到 1 实现业务突破的经历，有过具备跨宗教、跨国度的多元文化属性团队的管理经历，例如主导过核心产品研发与迭代的项目管理经历。

经验可以粗略分为行业经验和岗位经验，行业经验的价值是对行业特点和行业沿革比较了解，岗位经验的价值是对岗位职能和岗位绩效有具体性认知。经验对于雇主方的直接贡献是降低试错成本和时间成本，有些候选人虽然在具体行业中有较长的从业年限，但并不代表其工作经验具备稀缺性。所以，经验性价值的识别和挖掘，核心是要找到经验背后的稀缺性。

（2）专业性价值。

专业性价值是指候选人过往工作中是否在某一细分领域产生专业性沉淀，专业性沉淀包括专利技术持有、技术前沿探索、行业趋势研判、用户深度洞察、学科理论研究和应用场景分析等。

专业性价值的底层是专业，专业体现在系统、深度和多元。系统是指要在具体领域有系统性认知，深度是指要对底层理论有深度性理解，多元是指要对应用场景有多元性分析。

每一个行业背后都有上下游产业链配套，每一个产品背后都有交叉学科理论支撑，每一个服务背后都有用户场景分析。所以，候选人能在某一问题、某一领域、某一细节上展开深层次剖析，就是专业性价值的体现。

（3）资源性价值。

资源性价值是指候选人过往工作中是否有产生实质性资源沉淀，具体包括上下游产业链资源、稀缺性人才资源、先发性信息资源和排他性技术资源等。

人是资源的载体，面试官可以通过知识产权归属、技术专利持有、团队管理的持续年限、渠道商网络、上下游供应商和地方性政府关系等维度对候选人的资源属性进行评估。

（4）成长性价值。

成长性价值是一种隐性价值，高潜人才就是所谓的高成长性人才，未来可能在具体岗位上产生高绩效的人才。面试官需要在面试过程中识别并锁定符合企业岗位需要的高潜人才。

人的潜能是无形资产，是一座巨大的金矿，面试官可以通过以下维度识别候选人的成长性价值：

> ✓ 过往工作中是否取得过成功？是否持续取得过成功？
>
> ✓ 过往工作中是否面临过低谷？是如何走出低谷的？
>
> ✓ 过往工作中有哪些高光时刻？最大成就是什么？
>
> ✓ 过往工作中是否有长时间钻研某个领域？成效如何？
>
> ✓ 是否有具体的兴趣爱好，在爱好上取得了哪些成就？

2. 合理性分析

合理性分析是指通过简历对候选人职业发展路径的合理性进行分析。对候选人职业发展过程中的行业变更和职位变更的背后动因进行合理性分析，对候选人在行业和公司内部岗位晋升的驱动价值进行合理性分析。

职业生涯充满随机性，很多时候无法看出职业发展逻辑。但只要拉长职业生涯时间轴，其背后的个人职业发展主线就会显现，就能看到候选人的职业变更原因和职业选择偏好。

（1）离职合理性。

离职原因很多种，无非两大类。一类是不想干，另一类是不会干。美国学者劳伦斯·彼得提出了彼得原理，内容讲的是组织内员工总是趋向于被提拔到其能力不可胜任的职位。例如，一名称职的教授被提升为大学校长后无法胜任，一个优秀的运动员被提升为主管体育的官员后无所作为。如果组织内较多员工被推到其自身无法胜任的岗位上，就会造成人浮于事、效率低下的局面。

分析离职合理性主要是从不想干的离职原因中对不会干的情况进行识别，某些求职者在原有岗位中并未产生高绩效，也可能是被动离职。但在求职时又诉求获得更高的职位和薪酬，诉求本身可以被理解，但要遵循市场价值的对等原则，所以离职合理性分析非常有必要。

（2）入职合理性。

候选人求职有两种途径，一种是市场化求职，一种是推荐性求职。市场化求职是通过市场化简历投递和层层面试选拔后获得 offer，推荐性求职是通过关系引荐或背书获得面试机会并最终斩获 offer。市场化求职更符合市场化人才选拔逻辑。推荐性求职某些时候会由于推荐人背书而产生人才评价过程中的光环效应，进而放宽对候选人的能力筛查标准。这种中间人背书会产生双向效应，一种情况会对候选人的正向能力进行强化，另一种情况是对候选人的负向能力进行弱化。面试官需要对候选人入职环节中的"关系户"现象进行识别，对候选人的综合能力进行事实性分析，这也是对候选人入职后能够产出高绩效的基本保障。

3. 适配性分析

适配性分析是通过简历对候选人的知识结构、技能结构和经验结构进行分析，与此同时对候选人过往职业选择的底层成因进行识别，从而判断候选人的职业价值观。具体可以从文化性适配、风格性适配和能力性适配三个角度进行分析。

文化性适配看的是候选人是否与企业文化相适配，风格性适配是指候选人的个人风格是否与上级领导的管理风格相适配，能力性适配是指候选人能力是否与岗位要求相适配。

（1）文化性适配。

文化性适配可以从候选人过往从事的企业性质和企业品牌进行识别。例如，外企、国企和民企的企业文化大相径庭，华为、阿里和中小型民营企业的企业文化也有明显差异。

所以，在文化性适配过程中会更多遵循一致性原则。比如外企与外企、国企与国企以及民企与民企之间相互适配，又比如阿里与京东、吉利与比亚迪，以及海尔与格力之间相互适配。这样的适配原则会降低候选人适应新行业、新领域和新环境的时间成本。

（2）风格性适配。

风格性适配可以从简历的表达形式上对候选人自身的行为风格进行分析，简历中有很多细节可以体现候选人的行为风格。例如形容词过多的简历会彰显候选人有些浮夸，数字量化的文本表达会彰显候选人更注重实际结果，简历准备过于粗糙会彰显候选人不注重细节等。以上这些都是将候选人的行为风格与招聘岗位直属领导的管理风格进行适配的具体依据。

（3）能力性适配。

能力性适配可以从学过、干过、管过三个维度进行分析，候选人学过相关知识，干过相关工作，管过相关人和事。可以通过以下问题对候选人进行能力适配性分析：

✓ 过往工作中是否有同类岗位工作经历？具体绩效如何？

✓ 过往工作中是否积累了相关知识？知识是否成体系？

✓ 候选人在过往工作中是否有岗位相关的管理经验？管理团队规模有多大？管理成效如何？成功带教多少人？成功管理项目有哪些？

二、外在性分析

简历的外在性分析是指对简历的格式与内容进行分析，格式包括布局与设计，内容包括基本信息、语言语法、自我介绍和推荐信等。

1. 格式性分析

简历布局的整洁性和一致性通常表明候选人比较注重细节，过度粉饰或不专业的设计可能表明缺乏职业性或对细节不够关注。简历信息的逻辑顺序和组织方式可以体现候选人的文本表达能力，表达结构一般分为教育背景、工作经验和工作技能等，这是一种结构清晰的正向表现。

2. 内容性分析

（1）基本信息。

简历要保证个人基本信息不重不漏，基本信息包括姓名、性别、籍贯、居住地、电话、邮箱、工作经历和学习经历等。基本信息缺失或隐藏表明候选人对隐私信息有保护的需要，也可能是粗心大意的一种体现。

（2）语言语法。

文本内容语言语法是专业性的体现，尤其是技术类岗位的求职简历。技术性专业名词是简历中的常见词汇，语言语法可以反映候选人的专业技术水平。

简历中出现错别字是大忌，如文本中出现多个错别字，可以直接认定候选人对细节不够重视，未来在工作岗位上也大概率会出现效率低下和工作质量不合格的情况。

（3）自我介绍。

自我介绍部分是候选人展示自己独特优势、职业目标和个性特点的重要环节。自我介绍中体现着候选人的职业定位和目标、个性特点、语言风格和个人诚实属性等。

如果自我介绍中能够明确写出过往的卓越战绩，说明候选人对自己过往的工作成效很自信。

如果自我介绍中明确凸显个人的学习成长指标，例如年度阅读书单和课外学习计划，说明候选人的成就导向比较高。

如果自我介绍中明确写出自身的行业资源和团队管理规模，说明候选人具备较强的人才储备。

如果自我介绍中明确写出个人的专业技术持有和具体化产品打磨，说明候选人在技术学习和产品设计方面很有见地。

自我介绍是一个非常能看出端倪的地方，这个环节完全是自我凸显个人竞争力的环节，写哪方面就说明候选人对哪方面很自信，不写哪方面也就说明候选人哪方面比较有缺失。

如果自我介绍板块更多都是形容词，例如有较强的责任心、有很好的团队协作能力，这就说明候选人缺乏硬核的核心竞争力，亦或是候选人并未认真萃取个人核心竞争力而采取笼统的表达形式。

（4）推荐信。

如果简历中附有推荐信和自荐信，这是候选人积极求职的体现。如果简历中有前老板或社会知名人士的推荐信，这说明个人工作能力受到了客观认可，是对个人品牌的强化。

三、学历分析

对简历中的学历部分进行分析是评估候选人教育背景和专业能力的重要步骤，以下分别从教育经历和培训经历展开分析。

1. 教育经历

教育经历是指候选人接受正规学校教育的经历，毕业证和学位证是官方背书，可以从以下细分维度对教育经历进行分析：

✓ 候选人最高教育水平如何？是否符合职位要求？

✓ 毕业院校在业界的声誉和排名如何？

✓ 是否获得过荣誉，如奖学金或竞赛奖项？

✓ 是否参与过相关学术研究并发表过论文？

✓ 是否参与过学术交流，是否有当国际交换生的经历？

博士、硕士和本科的区别并不是一张纸质文凭的区别，而是学历背后的求学经历和成长挑战。博士论文答辩通过要远比硕士论文难得多，考研过程也比高考过程对自觉自律的要求更高。所以，教育经历的价值就蕴含在每一个有突破性的成长事件中。

2.培训经历

简历中的培训经历是候选人专业技能和持续学习意愿的重要体现，以下是一些分析简历中培训经历的方法：

- ✓ 培训学习是公司委培的，还是自己主动学习的？
- ✓ 培训机构是高校，还是市场化权威机构？公信力如何？
- ✓ 培训时长多久？是脱产还是半脱产？学习强度有多高？
- ✓ 培训结束后取得了哪些能力认证？难度系数有多高？
- ✓ 内容是职业类，还是兴趣类？多次培训是否有聚焦性？

通过这些分析点，招聘人员可以评估候选人的专业技能、学习态度和职业发展潜力。当然，培训经历只是候选人资质的一部分，最终评估还应该结合面试和其他评估手段展开。

四、专业分析

大学专业通常依据学科体系进行划分，可以分为自然科学、工程科学、社会科学、医学和商学等。学科门类中可以细分出一级学科，如数学、物理学、化学和生物学等。一级学科下还可以细分出二级学科，如软件工程、金融学和临床心理学等。

当前也会有很多跨学科专业，如生物信息学、环境科学和数据科学等。也有很多专业更侧重于职业导向，如护理学、教育学和会计学等。也会有很多新兴专业，如人工智能、网络安全和可持续能源等。

企业招聘的岗位可以分为管理类、专业技术类、市场营销类、财务类、人力资源类和生产与运营类等，表14-1是不同岗位对候选人专业对应的需要。

表14-1 不同类别岗位的专业适配

序号	岗位类别	专业类别
1	管理类	需要管理学、组织行为学等相关专业
2	专业技术类	需要具备特定领域的深入知识和专业技能
3	市场营销类	需要市场营销、传媒、广告或心理学等专业
4	财务类	需要会计学、财务管理或经济学等专业
5	人力资源类	需要人力资源管理或心理学等专业
6	行政类	需要行政管理、商务管理等相关专业
7	客户服务类	需要商务、市场营销等相关专业
8	生产与运营类	需要工业工程、运营管理或物流管理等专业
9	法律类	需要法学相关专业
10	创意与设计类	需要艺术、设计等相关专业
11	研发类	需要工程、计算机科学或商业管理等专业
12	质量控制类	需要质量管理、工程等相关专业
13	公关传媒类	需要公共关系学、传媒学、新闻学等相关专业

管理类岗位的具体专业要求可能会根据具体的行业、公司规模和职位级别而有所不同。专业技术类岗位通常要求候选人具备相应的学科知识，还要有实践技能和持续学习的能力。

除了专业背景，许多岗位还要求候选人具备相关的工作经验、专业认证、技能培训或个人素质。面试官要掌握高校专业学科的分类方式，要通过专业内容识别哪些是交叉学科，同时也要知道不同专业与不同岗位要求之间的适配性。

五、求职意向分析

求职意向是候选人职业发展方向的写照，是个人职业价值沉淀领域的缩影，是候选人职业发展意愿的表明。具有多年职场经验的候选人求职意愿应该更聚焦，可能是聚焦行业，也可能是聚焦岗位。一类是层级性聚焦，因为管理经验具有共通性，一类是纵深性聚焦，因为行业和专业具有共通性。

1. 聚焦性分析

职业生涯分为探索期、建立期、发展期、稳定期、维持期、衰退期和退出阶段。一般处于探索期和建立期的候选人求职意愿会更开放，而在发展期和稳定期及以后阶段的候选人的求职意愿会更聚焦。求职意愿的开放性和聚焦性说明候选人对职业优势定位及对职业发展规划的清晰程度。

如果工作经验五年以上的候选人在求职简历中写明愿意放弃原有行业和岗位从业经验从头再来，这时面试官要厘清其背后的成因。是因为候选人过往五年并未沉淀出扎实的个人职业能力，还是说候选人因职业兴趣改变产生了新的求职偏好。

常规意义下，具备多年工作经验的候选人职业规划会越来越清晰，求职岗位会越来越确定，这是基于价值生长的职业决策。当然，也有很多人在工作期间孵化自己的副业，待副业成熟时再到新的赛道进行择业，这样的职业发展路径也是合理的。此时，需要面试官对背后第二职业的孵化过程进行摸底和挖掘，其背后可能会蕴藏深厚的职业规划意识和自我学习能力。

2. 薪酬分析

求职意愿中不仅包括目标岗位，还包括期望薪酬。薪酬适配遵循内定位和外定位两个原则，内定位是遵循岗位本身的价值定位原则进行锚定，外定位是遵循岗位需求与人才供给是否稀缺为原则进行浮动。

人力资源市场中不同岗位对应的薪酬带宽是动态的，不同求职者对求职岗位的薪酬期待也是有差异的。这时需要面试官和求职者在遵循市场行情的客观情况下进行价值匹配。候选人求职的薪酬期待有三类，分别是涨薪就业、平薪就业和降薪就业。

（1）涨薪就业。

涨薪就业的候选人在市场需求中具备稀缺性个人价值，这种稀缺性可能是经验、资源或技术稀缺性等。当面试官面对涨薪就业的候选人时，要对稀缺性进行分析和证伪。

（2）平薪就业。

平薪就业在求职市场中比较多见，也符合人才就业市场的大背景，也是一种比较常见的求职诉求。当面试官面对这种候选人时，要对其背后的价值平移性进行分析。过往的工作单位和目标求职单位在营收规模上是否有可比性这一点很关键。

50人规模企业的1.5万薪酬和5000人规模企业的1.5万薪酬是不一样的，前者要求候选人更具备全才属性，后者要求候选人更具备专才属性。这背后显示的是候选人完全不同的能力结构和经验属性。

（3）降薪就业。

降薪就业在求职市场中比较少见，或者更多出现在职业生涯末期。如果候选人正处于职业生涯的稳定期和维持期，降薪就业就更有可能是因为外部宏观经济不振或者是行业规模性萎缩而引发的求职策略。

当面试官面对降薪求职的候选人时，首先要对宏观经济环境和行业规模性萎缩情况进行分析，例如2021年之后的房地产业和教培行业。如果外部环境并无大变化，面试官就要对候选人自身的知识能力进行分析，例如平面设计、文稿校对等工作经验都会被AI所取代，这也是导致降薪求职的原因之一。

另外，就是候选人自身所掌握的知识和技能并不具备稀缺性，在人才供给端中有大量的其他求职者可以进行能力平替，这就出现能力供给大于能力需求情况，那降薪求职也是一种客观理性的求职选择。

六、工作履历分析

面试官对求职简历中工作履历的分析是评估候选人是否适合某个岗位的关键步骤。面试官可以从工作年限、企业背景、行业聚焦等多维度对工作履历进行分析（图14-1）。

图14-1　工作履历分析的维度

1. 工作年限

工作年限通常是指一个人在职业生涯中累积的工作经验时间，工作年限可以说明专业技能积累、职业成熟度、行业经验沉淀、社会人脉网络、职业发展阶段、职业稳定性和组织忠诚度等。

（1）1~3年工作经验。

1~3年的工作经验通常属于职业生涯的早期阶段，可以说明候选人正在学习并掌握所在岗位相关的基本技能和知识。是适应职场环境并初步形成职业定位的阶段，是初步完成职业探索并确定中长期职业目标的阶段。

如果在此期间出现多次跳槽情况，则候选人的职业成熟期会向后顺延。如果候选人3年时间内并未出现跳槽情况，则3年时间足以支撑候选人在具体岗位上做出工作绩效并形成深度岗位经验。此时，面试官可以对工作经验的深度进行挖掘和分析。

（2）4~5年工作经验。

4~5年的工作经验通常标志着个人在职业生涯中已经进入了一个相对成熟的阶段，这个阶段说明候选人可能对自己的专业领域有了更深入的理解。通常意味着员工能够在较少的监督下独立完成任务，并可能已经参与或负责过多个项目，积累了项目管理和协调的经验。

在这个阶段，员工可能展现出领导潜力，能够指导新员工，对自己的职业发展有更清晰的规划，对所在行业理解更深刻，对行业趋势和动态有较好的把握。

在这个阶段，候选人已经有了一定的工作成就，这可以作为面试官评估其能力和潜力的依据。在这个阶段员工可能已经建立了较为广泛的职业网络，这也是面试官对其行业资源价值进行评估的依据。

（3）6～10年工作经验。

6～10年工作经验的个人通常处于职业生涯的中高级阶段，这个阶段说明候选人已经掌握了高级的专业技能和知识，能够处理复杂的工作任务。候选人可能已经成功领导和管理过多个项目，具备了较强的项目管理能力。

在这个阶段，候选人已经开始担任团队领导或管理角色，也是某个领域的行业专家，具备一定的战略规划能力和决策影响力。如果候选人长期在同一家公司工作，表明员工具有较高的职业稳定性和对公司的忠诚度。

员工在这个阶段应该已经建立了较为显著的绩效记录，面试官可以通过对绩效进行评估与分析给出对等的工作机会和薪酬，包括更高的职位与薪酬。处于这个阶段的员工更注重职业满意度和生活平衡，他们寻求更有意义的工作和个人发展。所以企业要重点从职业价值感和工作意义感对目标候选人进行吸引。

（4）10年以上工作经验。

拥有10年以上工作经验的个人通常处于职业生涯的高级阶段，这个阶段说明员工在专业领域内拥有深厚的知识和技能，很可能已经担任过高级管理职位，具备强大的领导力和团队管理能力。

作为行业资深人士，员工可能在业界拥有较高的知名度和影响力，建立了广泛的职业网络，能够在需要时利用这些资源，可能经历过各种危机情况，并具备应对和解决问题的能力。

面试官面对此类候选人时，要对其自身的价值高度进行衡量，例如是否对某个行业有深刻的了解，是否已经建立了强大的个人品牌，过往是否参与过高层次的决策过程，是否掌握了某一领域的核心技术等。

2. 企业背景

企业背景一般分为外资企业、国有企业和民营企业三种，不同类型的企业背景会对员工的职业风格会产生实质性影响。

（1）外资企业。外资企业更强调国际化、创新和效率，企业文化更开放和多元。更多采用扁平化管理结构，鼓励员工自主创新，职业发展路径更清晰，为员工提供有竞争力的薪酬和福利计划。工作环境更加现代化，注重员工的工作生活平衡。

（2）国有企业。国有企业更加注重稳定性和长期规划，企业文化更为保守，受政府政策影响较大，可能存在较为严格的等级制度和官僚作风。晋升可能受到资历和关系的影响，薪酬比较稳定。工作环境可能较为传统，存在较多的规章制度。

（3）民营企业。民营企业更加灵活，注重快速响应市场变化，创新和个人成就可能被高度重视。管理风格介于国企和外企之间，更倾向于灵活和结果导向。职业发展更依赖个人的努力和业绩，薪酬福利也依据公司的盈利情况而定。

3. 行业聚焦

候选人工作履历中的行业相关性非常重要，候选人长时间聚焦在某一行业发展，势必会沉淀更多的行业知识，每个公司都有其所在行业的企业定位。候选人在跳槽时，大多会在行业内上下游产业配套公司和同业竞争友商中进行选择，因为这样的职业选择会让过往积累的经验知识有更大的受用面。

如果候选人在有限时间内在不同行业进行多次跳槽，势必会影响其自身行业经验沉淀和行业知识的掌握。所以，面试官分析行业经验时，首先要分析的是行业聚焦性，其次要分析的是行业经验深度和行业人脉网络等。

4. 岗位经验

工作经验中最重要的就是岗位从业经验，每一个岗位都有其对等的岗位职责和考核标准。岗位可以通过很多维度进行分类，例如，管理岗和非管理岗、技术岗和非技术岗、业务岗位和非业务岗、前台岗和中后台岗等。

岗位经验分析主要是对岗位工作内容和具体工作事件进行分析，例如岗位的工作目标和协同部门有哪些，候选人日常工作中会做哪些具体工作支撑工作目标的达成。在保证工作目标达成的过程中，候选人都做过哪些成功事件和失败事件，其背后成功的经验有哪些，失败的教训有哪些。

不同岗位之间存在一定的经验关联，候选人一般会从基础业务岗做起，慢慢晋升到业务主管岗，再逐步晋升到业务管理岗。业务实操经验是高效业务管理的前提，业务管理经验是引领业务变革的前提。所以，候选人在每一个岗位上所产生的具体绩效才是其未来入职后能否满足组织需要的考量标准。

5. 管理经验

管理经验在简历中比较好识别，一般"经理""主管""总监"等头衔，都是管理职责的体现。面试官分析管理经验一般会从管理职责、管理规模和管理成效三个维度进行。

（1）管理职责分为人和事两个维度，有的管理更偏向事的层面，例如研发、工程类管理经验。有的管理更偏向人的层面，例如商务、市场类管理经验。面试官要对候选人的核心管理指标及其达成情况做梳理和分析。

（2）管理规模代表管理者能够被动响应多大规模的团队带教和人员团队，人是充满高度不确定性的管理元素，如何通过管理语言对下属的工作目标、工作技巧和工作效率进行影响和引领，这是管理经验的价值所在。

（3）管理成效更多从预算管理、计划管理、成本管理、绩效管理、危机管理、创新管理和人员管理等角度对管理动作的准确性和有效性进行分析。管理成效不仅会从团队绩效层面进行分析，也会从下属成长的角度来衡量，一个优秀的管理者一定会培育出优秀的继任者，这是管理者管理能力和管理格局的体现。

6. 职业间歇

职业间歇分析是对候选人工作履历中出现时间断层进行分析。若职业生涯中有一次职业间歇期，面试官要分析其职业间歇期有多久。如果时间比较短，大概率是求职待业期。如果时间比较长，大概率是学习成长期或者是个人休假期。这种情况下最重要的是分析候选人是如何利用职业间歇期来进行成长的，不同类型的时间投入，背后折射出不同的职业理念。

如果候选人职业生涯中出现两次或两次以上的职业间歇期，面试官需要对每一段间歇期进行逐一分析与排查。女性可能会因为生育原因而有一次职业间歇期，也可能会因为生育和脱产学习深造而有两次职业间歇期。

每一次职业间歇期可能是个人能力深造的契机，也可能是个人竞争力下降的过程。如果候选人有多段职业中断，且每次都没有利用中断时间进行自我成长，这样的候选人大概率职业成就动机不高。

7. 职位晋升

职位晋升是指候选人在职业生涯中获得了怎么样的晋升高度和晋升速度，晋升高度可以分析出候选人曾经肩负的责任有多大，晋升速度可以分析出候选人过往成长的效能有多高。

而且要对每一次的晋升成因进行分析，有的晋升是因为上级晋升后产生的团队内部推荐，有的晋升是因为上级离职后产生的岗位空缺填补，有的晋升源于企业规模快速扩张导致的人员批量性提拔，还有的晋升来源于企业大规模员工离职致使剩余员工被动任命。

有的晋升是因为获得上级信任被选用，有的晋升是由于工作绩效突出被认可，每一次晋升背后都有候选人身上的长板特质作支撑。面试官要对能力长板进行识别和总结，并分析其在新工作岗位上的贡献指数和受用程度。

8. 职业稳定性

职业稳定性代表候选人的职业成熟度和组织忠诚度，频繁跳槽的候选人组织忠诚度一般不高，这样的候选人在入职后面临个人不喜欢的挑战时，也非常有可能会习惯性跳槽，无形中增加了企业的管理成本和沉默成本。

工作任期、行业跳跃和职位跳跃都是分析候选人职业稳定性的维度，候选人在每个工作岗位上任期时间都不长，或是经常在不同行业间进行跳槽，或是在短时间内频繁的晋升和降职，这些都可能表明候选人在适应工作环境和职位要求上存在问题。

候选人如果在每次跳槽时都选择不同的工作岗位，也会说明其职业目标缺少一致性，这也可能是候选人缺乏明确职业方向的一种体现。需要注意的是，职业稳定性并不是评价候选人是否适合的唯一标准。有时，合理的工作变动可能是为了追求更好的职业机会或个人成长。

9. 职业发展轨迹

职业发展轨迹重点是对简历中岗位变更的关联性进行分析。

如果候选人从人力资源主管晋升到人力资源经理，再晋升到人力资源总监，这表明候选人的专业经验和管理经验已经比较扎实。

如果候选人从人力资源主管晋升到人力资源经理并兼任生产部副经理，再晋升到生产部经理兼公司副总经理，这样的晋升路径表明候选人已具备了人力和生产双条线管理经验和基础性企业运营经验。

如果候选人从品质主管晋升到品质总监兼研发部主管，再晋升到研发部经理，这说明候选人的专业学习能力非常强，也具备扎实的产品研发知识，且未来可能具备独立的产品线开发能力。

岗位变更的关联性可能是纵向从业务经验向业务管理经验的转型，也可能是从业务经验到业务相关经验的横向拓宽，还可能是从业务经验到业务管理经验再到组织管理经验的系统性跃迁。岗位变更路径折射出候选人的经验结构和知识结构，也折射出候选人的灵活适应能力和复合生长能力。

七、个人兴趣分析

候选人的兴趣爱好可以揭示候选人的个性特征和内在动机，帮助面试官了解他们的价值观和驱动力。与此同时兴趣爱好的多样性也可以增加团队的多元性，促进不同背景和经验的员工相互交流和创新。

兴趣爱好可以表明候选人是如何管理压力和放松自己的，这对工作压力较大的职位来说尤其重要。我们可以通过多样性和成就性两个维度对候选人的个人兴趣进行分析。

1. 多样性分析

兴趣爱好可以分成很多类型，包括艺术与文化、知识与学术、体育与健身、户外与探险、科学与技术、美食与烹饪、健康与养生等。大多数伙伴都会培养自身的体育与健身类兴趣爱好，原因是在学校期间会有专门的体育课时间来培养不同的体育兴趣。

例如，喜欢足球、篮球等对抗类运动的应聘者，通常比较有活力和团队协作精神；喜欢跑步、体操和游泳属性的应聘者，通常比较有韧性和自强不息的拼搏精神；喜欢徒步与登山、潜水、骑行等户外探险类运动的应聘者，通常会比较有冒险精神和内在魄力。

2. 成就性分析

也会有很多候选人将自身的个人兴趣发展成个人特长，特长一般会体现在候选人获得过很多爱好方面的荣誉与奖励。拥有特长的候选人大多具备内生性学习动力并愿意为感兴趣的事物投入时间去磨炼自身的相关技能。

如果候选人在某些兴趣特长方面获得过国家级、省级奖项抑或是行业顶级或中高级认证时，这样的候选人一般拥有较强的成长意志和目标导向，这样的候选人在未来的工作中也大多会敢于直面挑战并取得工作成果。

第十五章　个人素养评价

一、心理资本

心理资本在当下越来越重要，多变的外界环境让职场人越来越缺少安全感和可控感。如果员工自身能够具备较高的心理资本，那么就会表现出更平稳的工作情绪和更乐观的工作心态，遇见挫折时也不会轻言放弃。

高心理资本的员工不仅自身可以输出更高的工作效能，还可以推动组织绩效目标的有效达成。高心理资本的员工更善于合作和沟通，敢于接受不同的意见和建议，能够中性、客观地看待变化和挑战，能够在危机中寻找机会，具备推动业务变革的潜能。

彼得·德鲁克强调在管理工作中要重视人性化员工发展，他主张通过激励和鼓励来提升员工的积极性和工作满意度，进而提升员工的心理资本。同时也鼓励员工要进行自我管理和自我发展，让员工成为自身发展的主人，这样会有效提升员工的自信心和应对挑战的能力。

哈佛大学心理学博士戈尔曼在情商理论中强调了情感在领导力和组织管理中的重要性，情商理论与心理资本有很多重合之处。他指出提升员工的自我意识和自我调节能力，有助于增强其自信心和韧性，与此同时发展员工的同理心和社交技能，不仅可以营造良好的团队合作氛围，还可以间接提升员工的心理资本。

海尔集团创始人张瑞敏先生在《永恒的活火》一书中强调了许多与员工心理资本相关的管理实践。海尔集团在管理过程中非常注重授权，鼓励员工自主决策和创新，这是提升员工自信心的有效管理实践。与此同时，海尔也推行目标管理，OEC 管理法强调全员参与、全面控制、每日清理的重要性，这样不仅提升了员工的工作效率，还增强了员工的责任感。海尔集团推行的自主经营体制度，是在组织内部鼓励员工自主创业、自主经营的管理机制创新，这样的管理体制可以充分激发员工的潜力，增强员工的希望感。

1. 指标定义

美国著名的组织行为学家和心理学家弗雷德·卢瑟斯是心理资本概念的主要提出者之一，他认为心理资本是企业除了财力、人力、社会三大资本以外的第四大资本。心理资本是企业成功的重要驱动力，并提出了"积极组织行为"理论。

心理资本是指个体在工作和生活中表现出的积极心理状态，主要包括自信心、乐观、希望和韧性四个核心要素。心理资本在提升个人工作表现、生活满意度及组织绩效方面都起着非常重要的作用。人的发展、成功和幸福不仅需要环境和社会文化，更需要充分认识和发掘个人内在积极的心理品质。

2. 指标拆解

心理资本由自信心（也称为"自我效能"）、乐观、希望和韧性四个维度构成。在实际面试过程中，我们可以通过这四个维度对候选人的心理资本进行评价。

（1）自信心。自信心指的是个体相信自己有能力完成特定任务并实现目标的信念。心理学家阿尔伯特·班杜拉提出的"自我效能"这一概念和自信心有异曲同工之处，自我效能是指个体对自己能够成功执行某个特定任务或应对某种情境的信念。

> 具有自信心或自我效能的人，会有如下行为表现：
> ·面对任务时更有信心，愿意设定高目标。
> ·遇到困难时，敢于积极应对，不会轻易放弃。
> ·更愿意接受新任务和学习新技能，推动个人职业发展。
> ·更倾向于创新和尝试新方法，提高工作效率和效果。

· 自主减少因任务复杂性或工作压力带来的焦虑。

· 通常对工作和生活更满意，整体幸福感更高。

· 更愿意积极参与合作，为团队目标的实现作出贡献。

高自信的人通常表现出主动性、坚持、创新、高效沟通、独立决策、积极心态、自我管理、团队合作和持续学习等行为特征。

（2）乐观。乐观指的是个体对未来持积极态度，相信自己能够实现目标，并在面临挫折时保持积极心态。

具备乐观心态的人，会有如下行为表现：

· 倾向于在任何情况下都去寻找积极的一面。

· 在困难和挑战面前也能看到希望和机会。

· 设定明确的目标，并保持实现目标的信念和动力。

· 能够保持冷静和理性，不容易被负面情绪影响。

· 能够快速调整自己的情绪状态，保持积极心态。

· 会积极采取行动，而不是等待机会或被动应对。

· 会积极寻找解决方案，而不是抱怨或逃避。

· 能够自我激励，保持高昂的工作热情和动力。

· 通常表现的乐观开朗，能够给周围人营造愉快氛围。

具备乐观心态的人通常表现出充满希望、情绪稳定、自我效能感强、良好的人际关系、工作效率高、生活方式健康、性格开朗和谈吐幽默的特征。

（3）希望。希望指的是个体设定目标、制订实现目标的路径并保持动力和坚持不懈的信念。

具有希望特质的人，会有如下行为表现：

· 坚信自己能够实现目标，会不断调整和优化策略。

· 遇到困难和挑战时，他们会积极寻找解决方案。

· 对未来持乐观态度，相信通过努力能够实现目标。

· 能从失败中吸取经验教训，调整策略，继续前进。

· 擅长管理时间，能够合理安排工作和生活。

· 具备强烈的责任感，愿意对自己的行为和决策负责。

· 懂得在需要时寻求帮助，以更好地实现目标。

具有希望特质的人通常表现出积极设定和追求目标、积极解决问题、持续动力、乐观态度、高度韧性、开放心态和乐观的沟通方式等特征。

（4）韧性。韧性指的是个体在面对逆境、挫折和压力时能够迅速恢复和继续前进的能力。

具有韧性特质的人，会有如下行为表现：

· 在经历失败后能迅速恢复，并以积极的态度继续前进。

· 擅长管理自己的情绪，在高压环境中能保持冷静。

· 能将压力转化为动力，推动自己更努力地工作和学习。

· 面对长期困难时不会轻易放弃，而是会持续努力。

· 不害怕挑战，反而将其视为成长和进步的机会。

· 能够灵活适应变化，并能找到有效的应对方法。

· 对新的经验和观点持开放态度，乐于适应新情况。

· 相信自己的能力，认为自己能够应对各种挑战和困难。

· 会定期自我反思，总结经验，调整自己的行动策略。

具有心理韧性的人通常表现出积极应对压力、坚持不懈、灵活适应、乐观态度、良好的问题解决能力、自我调节、目标导向和健康生活方式等特征。

3. 能力评价

评估候选人的心理资本是非常有必要的，企业可以选拔和培养具有高心理资本的员工，从而提升工作绩效，增强组织凝聚力，减少员工流失率。

（1）在面试过程中，面试官可以采用行为面试问题来提问。

> ✓ 请描述一个你曾经面对过的非常具有挑战性的任务或项目的情况。你是如何处理的？结果如何？
>
> ✓ 当你面对持续的困难和负面反馈时，你是如何保持乐观态度的？请举例说明。
>
> ✓ 请举一个你设定过的一个长期目标并最终实现的例子，你是如何保持动力和坚持不懈的？
>
> ✓ 请分享一个你在工作中经历重大压力或逆境的经历，你是如何管理压力并最终克服困难的？
>
> ✓ 请描述一次你带领团队实现一个重要目标的经历，在这个过程中，你是如何激励和支持团队成员，克服挑战并保持积极态度的？

（2）在面试过程中，面试官也可以采用情景面试问题来提问。

> ✓ 假设你被分配到一个新的项目，这个项目涉及很多你不熟悉的领域。你会如何开始？你会采取什么步骤来确保项目的成功？
>
> ✓ 你的团队刚刚失去了一位关键成员，这对项目进度产生了负面影响。你会如何向团队传递积极的信息，保持团队的士气？
>
> ✓ 你的团队在一个重要的项目中遇到了重大障碍，导致进展停滞。作为团队的负责人，你会如何重新评估目标，制订新的计划，并激励团队继续前进？
>
> ✓ 你在一个紧急项目中工作，需要在极短的时间内完成高质量的任务。然而，你在中途却遇到了技术难题和资源短缺，你会如何调整计划、管理压力，并最终完成任务？
>
> ✓ 在一个高压环境中，你需要同时管理多个项目，并且每个项目都有紧迫的截止日期，你会如何优先处理这些任务，确保每个项目都能按时完成？

（3）面试官可以通过以下行为观察要点对候选人的心理资本进行评价。

◇ 是否能够清晰、自信地表达自己的观点和经验。

◇ 是否主动介绍自己的成就和能力，展示自信。

◇ 是否保持适当的眼神接触，显示自信和诚意。

◇ 在描述过去经历和未来计划时，是否使用积极语言。

◇ 是否对未来持乐观态度，展望自己的职业发展。

◇ 是否能够清晰地描述自己的短期和长期职业目标。

◇ 在谈及自己的目标和计划时，是否表现出激情和动力。

◇ 在描述困难和挫折时，是否表现出坚持不懈的精神。

◇ 是否能够客观描述遇到挫折和失败时的反应和行动。

◇ 在谈及压力和挫折时，是否能够保持情绪稳定。

◇ 在描述困难经历时，肢体语言是否表现出坚定和决心。

◇ 是否能够提供长期坚持某项任务的事例来展示韧性。

二、情商

高情商的员工更擅长与人合作，从而能够实现有效沟通并协调资源，在具体业务开展中还可以促进团队协作。高情商的人更善于管理自己的情绪和压力，能够灵活应对工作中的变化和挑战，能够保持积极的心态和应变能力。

通用电气前首席执行官杰克·韦尔奇（Jack Welch）强调情商在领导力中的重要性。他认为，领导者不仅需要智商，更需要情商来管理和激励团队。杰克·韦尔奇引入了"活力曲线"来评估员工，不仅关注绩效，还重视员工的领导潜力和情商。

Zappos前首席执行官谢家华（Tony Hsieh）认为情商对企业文化和客户服务至关重要。他强调企业文化和员工情感健康直接影响客户体验和企业成功，Zappos把员工的情商视为为客户提供优质服务并建立忠诚度的关键指标。

今日头条作为一家全球领先的互联网科技公司，提倡开放和透明的企业文化，鼓励员工在工作中保持沟通和分享。开放的企业文化有助于员工之间的相互理解和情感交流，并且提升团队的情商水平，这是在企业文化和管理中对员工的情商非常重视的体现。

1. 指标定义

情商这个概念最早由心理学家彼得·萨洛维和约翰·梅耶于 1990 年提出。他们定义了情商，并进行了一系列研究以探索其结构和功能。然而，这一概念在全球范围内广泛流行并引起关注，主要归功于丹尼尔·戈尔曼。丹尼尔·戈尔曼在他的畅销书《情商》中进一步发展并推广了情商的概念，使其广为人知。并结合心理学和神经科学的研究，提出了情商在个人生活和职业成功中的重要性。

丹尼尔·戈尔曼认为情商（Emotional Quotient, EQ）是指个体识别、理解、管理和利用自己和他人情绪的能力。情商高的人通常在管理、销售、客户服务等需要与人打交道的职业中表现的非常出色。情商也是有效领导的重要组成部分，能够帮助领导者更好地激励、支持和引导团队，高情商与职业成功密切相关。

2. 指标拆解

丹尼尔·戈尔曼的模型扩展了萨洛维和梅耶的理论，他认为情商包含五个主要构成部分：自我意识（self-awareness）、自我调节（self-regulation）、动机（motivation）、同理心（empathy）和社交技能（social skills）。在实际面试过程中，我们也使用这五个维度对情商展开评价。

（1）自我意识。自我意识是指个体能够清晰认识和理解自己的情绪、动机、优点和缺点的能力。

> 具有自我意识的人，通常会有如下的行为表现：
> ·可以识别自身情绪，知道情绪如何影响自身行为。
> ·经常自我反思，了解自己的情绪触发点和行为模式。
> ·可以做出更好的决策，能客观评估自身情绪和反应。

· 能够恰当地表达自己的情绪，而不是压抑或爆发。

· 对自己的情绪保持共情，接受各种情绪。

能够做到自我情绪识别的人通常能够适当地表达和调节情绪，理解情绪的来源和带来的影响，在日常生活和工作中可以表现出良好的情绪反应和行为。

（2）自我调节。自我调节是指个体能有效控制自身情绪，避免冲动行为，保持冷静和理性，具有妥善管理情绪的能力。

懂得自我调节的人，会有如下行为表现：

· 面对压力和紧急情况时，能保持冷静，不轻易慌乱。

· 经常练习冥想和正念，帮助自己保持情绪平稳。

· 通过运动和锻炼来释放压力，如跑步、瑜伽、健身等。

· 在无法解决问题时，会转移注意力，做一些愉悦的活动。

· 用积极的语言和态度与自己对话，避免消极的自我批评。

· 能够与他人进行有效的情感交流，分享感受和想法。

· 保持规律作息，确保充足睡眠，维持良好的情绪状态。

懂得自我调节情绪的人通常具备冷静应对压力、适当表达情绪、积极应对负面情绪、保持健康生活方式和自我激励等行为特征。

（3）动机。动机是指个体内在的驱动力，促使他们追求目标并实现愿望，是一种自我激励的能力。

懂得自我激励，具备内驱力的人，会有如下行为表现：

· 会设定明确具体的短长期目标，并制订计划。

· 主动寻求机会，不依赖外力，由内在动机驱动。

· 在工作时能保持高度专注，不易被外界干扰。

· 主动寻求学习机会，积极参加培训、阅读等活动。

· 视挑战为机会，愿意面对和克服各种困难和障碍。

· 从完成任务中获得内在满足感，不依赖外部奖励。

· 常常能够感染和激励团队成员，共同朝着目标努力。

· 乐于分享自己的经验和知识，帮助他人提升和成长。

具备内驱力的人通常表现出设定目标并追求目标、自主性强、工作效率高、主动学习与成长、勇于承担责任和积极影响他人等行为特征。

（4）同理心。同理心是指个体能够理解和感受他人情绪、需求和观点，具有识别他人情绪的能力。

具备同理心的人，会有如下行为表现：

· 与他人交流时会专注倾听对方的话语，避免打断。

· 能够识别他人情绪，从非语言行为中察觉对方感受。

· 遇到困难和需要帮助时，会主动提供关怀和支持。

· 表达对他人的关心，主动询问对方情况并提供建议。

· 能接受和尊重与自身不同的观点。

· 在沟通中表现出真诚，愿意分享自己的感受和观点。

具备同理心的人通常表现出主动倾听和理解、情感共鸣能力强、主动关怀并支持、能够快速建立信任、善于调解冲突和关注细节等行为和特征。

（5）社交技能。社交技能是指个体在与他人的互动过程中展示的有效沟通、协作和领导能力，是指具备人际关系管理的能力。

能够妥善管理人际关系的人，具备如下行为表现：

· 能够清晰表达自己的想法，避免模棱两可和误解。

· 在与他人交往中表现诚实，信守承诺，避免隐瞒。

· 在团队中积极参与和贡献，注重团队目标的实现。

· 能灵活应对人际关系中的变化，及时调整行为和态度。

- 能够清晰划定个人界限，尊重他人的空间和需求。
- 善于用幽默调节气氛，缓解紧张和尴尬，增加愉悦感。

能够妥善管理人际关系的人通常表现出懂得有效沟通、善于建立信任、情感共鸣能力强和高同理心等行为和特征。

3. 能力评价

评估候选人的情商是至关重要的，企业和个人都应积极关注和培养情商，从而实现更高的个人成就和组织成就。

（1）在面试过程中，面试官可以采用以下行为面试题来进行提问。

✓ 请描述一次你在工作中感受到压力特别大的经历，你是如何识别和理解自己情绪反应的？

✓ 请分享一个你意识到自己需要改进的弱点或不足，你是如何发现并改进的？

✓ 请描述一次你在工作中感受到非常愤怒或沮丧的经历，你是如何控制和调节自己情绪的？

✓ 当你面临紧迫的截止日期或重大压力时，你通常会采取哪些方法来保持冷静和高效？

✓ 请分享一个你自发完成的项目或任务的经历，是什么激励你去完成它的？

✓ 请描述一次你在工作中帮助同事解决问题或应对挑战的经历，你是如何理解和回应他们的需求和情感的？

✓ 请描述一次你在团队中发挥领导作用的经历，你是如何激励和协调团队成员的？

（2）在面试过程中，面试官也可以采用情景面试问题来提问。

✓ 假设你在一个重要会议上，你的提案被否决了，你感到非常沮丧和失望。请描述你会如何处理这种情绪，以及你会如何重新调整自己的心态继续参与会议？

✓ 在一个项目的最后阶段，你的团队遇到了一些严重的技术问题，导致项目进度严重滞后，团队成员感到非常焦虑和很大的压力。作为团队负责人，你会如何处理这种情况，保持团队的情绪稳定和士气？

✓ 你在一个长期项目中已经工作了很长时间，但距离目标仍有很大差距，你会如何保持动力并继续推进项目？

✓ 你的同事最近表现不佳，影响了团队的整体绩效。当你了解到他在个人生活中遇到了困难，你会如何与这位同事沟通并帮助他渡过难关？

✓ 你在一个跨部门项目中需要协调多个部门同事共同推进工作，然而一个关键部门的负责人却对你的提案表示强烈反对导致项目进展受阻，你会如何处理这种情况并达成共识？

✓ 你刚加入一个新团队，发现团队内部存在一些长期的矛盾，影响了工作效率。作为新成员，你会如何处理这种情况，帮助团队恢复协作和高效工作？

（3）面试官可以通过以下行为观察要点对候选人的情商进行评价。

◇ 是否能够准确描述自身的情绪和感受。

◇ 是否能够坦诚地讨论自己的强项和弱项。

◇ 在有压力时是否能够控制和管理好自己的情绪。

◇ 是否能描述他们在面对并克服工作中的困难时的过程。

◇ 是否能够清晰表达他们对工作的热情和动力。

◇ 在讨论过去经历时，是否能表现出积极乐观的态度。

◇ 是否能举例说明他们是如何处理人际冲突的。

◇ 在与面试官的互动过程中是否表现出尊重和礼貌。

三、自我认知

具备自我认知的员工能客观评估自身能力，清楚自身的优势和不足，从而更有效地改进工作表现。他们能够设定符合自身能力的现实目标，并采取措施实现这些目标。

美国心理学家克里斯·阿吉里斯提出的"双环学习"理论强调自我认知和反思在个人和组织学习中的重要性。他认为，通过自我认知和反思，人们可以质疑和改变根本的假设和行为模式，从而实现深层次的学习和变革。

美国计算机科学家、心理学家赫伯特·亚历山大·西蒙是决策理论的奠基人之一，他提出的"有限理性"（Bounded Rationality）理论强调了自我认知在决策过程中的重要性。西蒙认为，决策者应认识到自己的认知局限，通过自我认知和学习，提高决策的合理性和有效性。

瑞士精神病学家、心理学家卡尔·荣格提出的"心理类型"理论强调自我认知在理解和管理个人行为中的重要性。个体通过理解自身的心理类型，可以更好地认识自己的思维方式和行为倾向，从而优化工作表现和人际关系。

管理学者们普遍认为，自我认知是个人成功和组织绩效的重要因素。通过了解和管理自己的情绪、行为、优势和弱点，个人能够更有效地制订目标、做出决策。

1. 指标定义

自我认知是指个体能够清晰认识和理解自己的情绪、动机、行为、优势和劣势，以及这些因素如何影响自己的行为和决策。自我认知能力是情商的核心组成部分之一，它在个人成长、职业发展和人际关系中起着至关重要的作用。

自我认知能力在提升工作绩效、促进个人发展、改善人际关系、增强适应力、提高心理健康和促进领导力发展等方面均具有重要作用。

2. 指标拆解

自我认知能力可以解析为情绪觉察、动机认知、行为反思、优劣势识别和价值观与信念认知五个维度。在实际面试过程中，我们可以通过这五个维度对候选人的自我认知能力展开评价。

（1）情绪觉察。情绪觉察是指识别和理解自己的情绪状态及其变化。

具有情绪觉察能力的人，会有如下行为表现：

· 能够识别自身情绪，知道情绪如何影响思维和行为。

· 常常进行自我反思，从而了解自身情绪触发点和行为。

· 能客观评估自身情绪，进而可以做出更好决策。

· 能够恰当表达自身情绪，而不是压抑或爆发。

· 对自身情绪保持共情，允许自己接受各种情绪。

能够做到自我情绪识别的人通常能够在日常生活和工作中表现出良好的情绪反应和行为。

（2）动机认知。动机认知是指了解自己的动机和驱动力，清楚自己为什么会采取某种行为。

能了解自我内在动机的人，会有如下行为表现：

· 遇到问题时，会分析自己为什么会做出某种反应。

· 行为和决策与价值观和信念保持一致，不受外界影响。

· 更多依靠内在动机而非外部奖励来驱动自己。

· 追求卓越，努力超越标准，不断提升自身能力。

· 能有效管理和调节自己的情绪，保持冷静和理性。

· 能根据环境的变化，灵活调整自己的动机和行动计划。

能够了解自己驱动力并清楚自己为什么会采取某种行为的人通常具备高自

我意识、自我反思、目标导向、适应能力、持续学习和成长以及内外部动机平衡等特点。

（3）行为反思。行为反思是指能反思和评估自己的行为和决策，以及正视这些行为和决策的后果。

> 能做到行为反思的人，会有如下行为表现：
> · 善于分析问题的本质，考虑不同的解决方案。
> · 勇于质疑自己的假设，不断寻求更好的解决方法。
> · 愿意听取他人的意见，并能从中汲取有价值的信息。
> · 保持开放的学习态度，愿意接受新的观点。
> · 不断改进自己的行为，以提高工作效率。
> · 对自己的行为和决策负责，不推卸责任。
> · 能高效管理时间，平衡学习和反思之间的关系。
> · 在追求改进和发展的过程中表现出高度的坚持和耐心。

能够做到行为反思的人通常具备高自我意识、批判性思维、开放心态、主动学习、目标导向、责任感、同理心以及持久力和韧性等特点。

（4）优劣势识别。优劣势识别是指清楚地了解自身长处和短处。

> 能够识别自身优劣势的人，会有如下行为表现：
> · 能客观评估自己的能力，知道自己的强项和弱项。
> · 经常反思自己，总结经验教训，识别需要改进的领域。
> · 能够清晰准确地表达自己想法，倾听并回应他人需求。
> · 在工作中能充分发挥优势，利用强项来解决问题。
> · 识别劣势并采取措施弥补不足，主动学习新技能。

能够识别自身优劣势的人通常具备开放心态、持续学习、情绪调节、自我反思、人际技能、灵活适应和利用优势等特点。

（5）价值观与信念认知。价值观与信念认知是指自身知道这些价值观和信念如何影响自己的行为和决策。

能够了解自身价值观和信念的人，会有如下行为表现：

· 在做决策时，能够清楚地遵循自身的价值观和信念，不轻易受外界压力和诱惑影响。

· 面对挑战或反对时，他们能坚持自己的价值观和信念，做出符合自身原则的决策。

· 他们的价值观和信念为自身提供了强大的内在动力，使他们能够持久地追求目标和应对挑战。

· 他们对自己的动机、情感和行为有深刻的理解，知道是如何受到其他价值观和信念影响的。

· 他们对自己的行为和决策承担责任，不推卸责任，表现出高度的责任感。

· 他们能够理解和尊重他人的价值观和信念，表现出同理心和包容性。

· 他们能够保持情绪的稳定和冷静，因为他们的行为和决策有坚实的价值观和信念作为基础。

能够对自身价值观与信念进行认知的人都具备自控能力强、内驱力强、勇于承担责任、具备同理心和积极应对挑战等特点。

3. 能力评价

评估候选人的自我认知是非常有必要的，自我认知能力较高的员工能够自觉进行工作绩效改进，降低企业的管理成本。

（1）在面试过程中，面试官可以采用行为面试问题来提问。

✓ 请描述一次你在工作中感到压力特别大的经历，你是如何识别和管理这些情绪的？

✓ 请分享一次你从失败中学到重要经验的经历，这个经历是如何影响你之后工作的？

✓ 你是如何设定职业目标的？你采取了哪些方法来实现这些目标？

✓ 请分享一个你认为自己表现非常出色的项目或任务，你认为是什么使你在这个项目中表现出色？

✓ 请分享一次你在工作中面临道德或伦理困境的经历，你是如何处理的？是什么引导了你的决定？

✓ 请描述一次你收到负面反馈的经历，你是如何反应的？你采取了哪些措施来改进？

✓ 请分享一次你在团队中遇到冲突的经历，你是如何处理这种冲突的？这对你有什么启示？

（2）在面试过程中，面试官也可以采用情景面试问题来提问。

✓ 假设你在一个重要的项目中遇到了突发的技术问题，导致项目进度严重滞后，且团队成员开始表现出焦虑和压力。你会如何处理自己的情绪，并帮助团队保持冷静和专注？

✓ 假设你在一次关键的客户会议上，因准备不足而无法回答客户的所有问题，导致客户不满意。会后你会如何反思这次经历，并采取什么措施来改进自己？

✓ 假设你接到一个你非常感兴趣但极具挑战的项目，你会如何制订目标和计划来确保成功，并持续保持动力？

✓ 假设你被分配到一个新团队，团队成员各有所长，但你对自己的某些技能有些不自信。你会如何识别和利用自己的优势，同时改进自身弱点以更好地为团队作贡献？

（3）面试官可以根据以下行为观察要点对候选人的自我认知能力进行评价。

◇ 是否能坦诚地承认自己的错误并描述学到了什么。

◇ 是否有主动寻求反馈的经历，并能描述学到的内容。

◇ 对于负面反馈，是否表现出开放的态度。

◇ 是否能够清晰地描述自己的优势和劣势。

◇ 是否能描述他是如何利用优势来应对实际挑战的。

◇ 是否能清晰描述出自身的核心价值观和信念。

◇ 是否能在高压环境下保持冷静和理性。

◇ 是否能描述他是如何在职业生涯中持续学习并提升自己的。

◇ 是否能描述他是如何设定明确的职业目标的。

四、职业动机

面试过程中之所以评估候选人的求职动机，是因为具有明确职业动机的候选人往往能表现出更高的工作投入和积极性。他们更有可能主动寻求提升和发展机会，进而推动团队和公司的成功。职业动机明确的员工通常具备较强的自我驱动力，能够高效地完成任务。

职业动机、求职动机和职业价值观是三个不同但又相互关联的概念。

职业动机是指驱使个体在其职业生涯中追求和实现目标的内、外在因素。它包括个人对职业发展的渴望、职业成功的追求和自我实现的需要。职业动机会影响个人的职业选择、职业发展路径和长期职业规划。

求职动机是指个体在寻找新工作时的动因和目标。它反映了个体在特定时间点上对新工作机会的渴望和期望。求职动机会影响个体在求职过程中的行为，如求职渠道选择、简历投递频率、面试准备程度等。

职业价值观是指个体在职业生涯中所持有的价值观和信念体系，它们决定了个人对不同职业选择和工作环境的偏好和认同。职业价值观会影响个人的职业选择、职业满意度和职业承诺。职业价值观与工作环境和职业角色的匹配度越高，个体的工作满意度和职业忠诚度越高。

职业动机是长期的、贯穿整个职业生涯的内在驱动力，求职动机是短期的、与特定求职阶段相关的动因，职业价值观是个人对职业生涯中重要因素的长期信念和判断标准。

1. 动机类型

职业动机包括多种内、外在因素，这些因素驱动个体在职业生涯中追求和实现目标。职业动机的类型可以根据不同的理论和模型进行分类，通常可以归纳为内在动机和外在动机两类。

（1）内在动机。内在动机指个体因为工作本身的兴趣、挑战和满足感而驱动自身努力工作。内在动机通常与个人的自我实现和内在满足感相关。内在动机包括成就感、自我实现、兴趣爱好和个人成长四个指标。

- 成就感是指求职者追求卓越和高质量的工作，取得成功后的满足感。
- 自我实现是指实现个人潜力和目标的愿望，发展和运用自己的技能和能力。
- 兴趣爱好是指对工作内容本身感兴趣，享受工作过程中的挑战和学习。
- 个人成长是指通过工作不断学习和成长，提高自身的知识和技能。

（2）外在动机。外在动机指个体因为外部奖励或压力而驱使自己努力工作。这些奖励和压力通常来自工作环境、组织政策和外部社会。外在动机包括薪酬福利、职位晋升、认可表彰和工作安全四个指标。

- 薪酬福利是指通过工作获得经济报酬和物质奖励，如工资、奖金等。
- 职位晋升是指获得更高的职位和更多的责任，提升职业地位。
- 认可表彰是指通过工作获得上级和社会的认可，提升自我价值感。
- 工作安全是指通过工作获得稳定的职位和职业保障，减少失业风险。

2.能力评价

面试官可以通过行为面试法、情景面试法、动机测评工具、反馈与观察等多种方式来评估候选人的职业动机。

（1）在面试过程中，面试官可以采用行为面试问题来提问。

✓ 请描述一个你在工作中因为完成某项任务而感到非常有成就感的经历，是什么让你感到如此？

✓ 请分享一次你主动学习新技能或知识的经历，是什么驱动你做出这样的决定？

✓ 在你的上一份工作中，哪种类型的任务最能激发你的兴趣和动力？为什么？

✓ 请描述一个你在工作中感到非常投入和充满激情的时刻，是什么样的工作情境？

✓ 请分享一次你在团队项目中发挥关键作用的经历，你作出了哪些贡献？这个团队经历对你有什么意义？

✓ 在你过去的工作中，哪种形式的奖励最能激励你？为什么？

✓ 是什么吸引你申请这份工作？你希望在这份工作中实现什么目标？

（2）在面试过程中，面试官也可以采用情景面试问题来提问。

✓ 假设你被分配到一个关键项目，你的任务是解决一个长期未解决的问题，你会如何处理这个任务？是什么驱动你在这个项目中取得成功？

✓ 假设你被选中参与一个跨部门的项目，这将为你提供宝贵的经验，但也会增加你的工作量，你会如何看待和处理这种情况？

✓ 如果你在工作中遇到一个非常有兴趣但非常复杂的问题，你会如何处理？是什么让你对这个问题感到如此有兴趣？

> ✓ 公司推出了一项新的激励政策，表现出色的员工将获得奖金和表彰，你会如何努力争取这个奖励？
>
> ✓ 假如公司提供了一个晋升机会，但需要你在六个月内显著提高某些业绩指标，你会如何计划和实现这个目标？
>
> ✓ 假设你在公司内遇到一个与你核心价值观不一致的政策或决定，你会如何处理这个情况？

（3）面试官可以通过以下行为观察要点对候选人的职业动机进行评价。

> ◇ 候选人在谈论过去的项目和成就时是否表现出明显的热情和自豪感。
>
> ◇ 候选人是否能够清晰地描述他们的职业目标和实现目标的具体步骤。
>
> ◇ 候选人是否能描述他们主动学习新技能或知识的经历，以及这些学习对他们职业发展的影响。
>
> ◇ 候选人是否能够详细描述他们在工作中取得的成就，并解释这些成就对他们的意义。
>
> ◇ 候选人是否能详细描述他们在团队项目中的角色和贡献，展示他们的团队合作精神。
>
> ◇ 候选人在谈论过往工作时，是否强调外部奖励（如奖金、晋升等）对他们的激励作用。

通过这些行为观察点，面试官可以全面评估候选人的职业动机，包括他们对工作兴趣、目标导向、学习和成长、成就动机、团队合作、工作满意度和职业价值观的认知和追求。

第十六章　通用能力评价

一、学习能力

对于企业发展而言，学习能力可以帮助企业持续更新和迭代产品，可以帮助员工提升工作效率，帮助企业更好地理解客户需求和市场趋势。

被誉为"现代管理学之父"的彼得·德鲁克提出，学习型组织是能够不断学习、适应和变革的组织。德鲁克也强调知识管理和持续学习在组织中的重要性，他认为学习能力是组织成功的关键因素之一。

美国麻省理工学院斯隆管理学院教授彼得·圣吉在他的著作《第五项修炼》中提到，学习型组织是指那些能够不断适应和改变，以更好的生存和发展的组织。他强调学习力是组织成员持续学习、共同成长和应对变化的能力。

许多世界知名企业和组织都被认为是学习型组织，因为它们在持续学习、创新和适应环境变化方面表现非常出色。谷歌以其开放和创新的文化著称，鼓励员工花费 20% 的时间在自己感兴趣的项目上，这促进了大量的创新和新产品的开发。

华为投入大量资源在员工培训和发展上，注重持续改进和创新，鼓励员工提出改进建议和创新想法。华为的高层领导尤其是创始人任正非，以身作则，倡导学习和创新。任正非曾多次强调企业要保持开放的心态，向行业内外的优秀企业学习，持续保持进步。

1. 指标定义

关于学习能力的定义有很多，美国功能心理学奠基人之一约翰·杜威定义学习是经验的重构。近代最有名的儿童心理学家让·皮亚杰定义学习是让个体通过同化和顺应来达到对环境的适应。

美国当代著名的心理学家阿尔伯特·班杜拉定义学习是通过观察他人行为及其后果而获得的。美国当代著名的教育家和心理学家本杰明·布鲁姆定义学习是一个涉及认识、情感和心理动作技能的过程。

而笔者更愿意接纳"学习能力是指个体或组织不断获取、应用和创新知识的能力"这一描述。这种对学习能力的定义融合了多位学者和专家的观点，学习能力是实现持续改进和创新的关键。

常规面试过程中对学习能力的评价多是通过学校排名、成绩排名、竞赛奖项、技能认证等级、技术专利和知识产权等维度来判断的。这样的学习成果在很大程度上能说明一个人的学习能力，但其评价逻辑更偏向于"冰山"以上的显性评价。

在实际面试过程中不仅要对学习能力进行显性评价，也要对学习意愿进行隐性评价。面对 AI 时代的到来，很多岗位会被 AI 所取代，大部分职业者都要重新学习新技能。所以，学习能力对于个人职业发展非常重要。

评价一个人的学习能力可以通过多种方法来实现，包括智力测验、学科知识测试、学习策略问卷、学习动机量表、学习习惯调查、学术成绩评价、导师反馈和自我评估等。当然，我们也可以结合以上指标对候选人的学习能力进行更全面、客观的评价。

2. 指标拆解

一个人的学习能力受多种因素的影响，这些因素可以分为个人内部因素和外部环境因素。个人内部因素包括认知能力、动机和兴趣、情绪和生理因素等。外部环境因素包括家庭环境、学习环境、社会环境、文化环境和学习资源等。

在实际面试过程中，我们可以从学习意愿、学习目标、学习策略、学以致用四个维度对学习能力展开评价。

（1）学习意愿。学习意愿是指个体主动寻求和接受新知识、新技能的意愿。它反映了一个人对学习的积极态度和内在动力。

具有强烈学习意愿的人，会有如下行为表现：

·主动寻求学习机会，积极参与学习活动，而不是被动地等待。

·在面对学习过程中的困难时，会表现出坚持和毅力，不会轻易放弃。

·对未知事物存有强烈的兴趣，愿意不断提出问题并寻找答案。

·自我内在保有学习动机，而不仅是为了外部奖励或压力而学习。

·愿意对学习过程进行反思，总结经验和教训，以便不断改进学习方法。

（2）学习目标。学习目标是指学习者在一定时间内期望达到的具体学习成果或成就。学习目标明确了学习方向和预期结果，有助于指导学习者的学习活动，提高其学习效率和效果。

懂得设置学习目标的人，会有如下行为表现：

·目标具有具体性，能清晰描述要达到的成果和成就。

·目标会有可测量的标准，以便评估是否达到目标。

·目标会现实可行，符合学习者自身的实际能力和条件。

·目标会与学习者的长远目标相关，有助于个人发展。

·目标会设定明确的时间期限，以确保计划有效执行。

学习目标是学习过程中重要的指导和激励工具。明确的学习目标能够帮助学习者集中注意力，保持动力，系统地进行学习，并在学习过程中不断评估和改进，从而提高学习效果和效率。

（3）学习策略。学习策略是指个体在学习过程中所采用的方法和技巧。有效的学习策略可以帮助学习者更好地理解和记忆知识，并在各种学习情境中取得成功。

具有高效学习策略的人，会有如下行为表现：

·会给自己设定目标和奖励机制，持续保持学习的动力。

·会在学习过程中不断检查进度，及时调整策略。

·会通过记录关键点和概念来帮助自己记忆和理解。

·会选择合适的学习环境，减少干扰，提高专注度。

·会在遇到困难时，主动寻求教师和其他资源的帮助。

·会将信息转化为图表、图像，以便更好地理解和记忆。

·会尝试将学到的内容用自己的话复述，以强化记忆。

学习能力强的候选人会有效应用以上这些学习策略，显著提高他们的学习效果和效率，从而更好地掌握新知识和技能。

（4）学以致用。学以致用是指将所学到的知识和技能实际应用于生活、工作和其他实际情景中，以解决实际问题和提高工作效率。这种学习方法强调知识的实用性和操作性，而不仅仅是理论学习。

懂得把知识学以致用的人，会有如下行为表现：

·会将理论知识转化为实际操作技能。

·会将抽象概念应用到具体情景中。

·会在实际工作或生活中尝试应用所学内容。

·会通过实践验证和改进所学知识。

·会通过应用学习内容来找到有效的解决方案。

·会在实践过程中获取反馈，发现不足。

学以致用不仅是学习的最终目的，更是衡量学习效果的重要标准。通过将所学知识和技能应用于实际情景，个体不仅能够验证和巩固所学内容，还能在实践中不断提升自己的能力和水平。

3. 能力评价

评估候选人的学习能力是至关重要的，因为这可以帮助企业选择具有潜力和成长空间的员工。

（1）在面试过程中，面试官可以采用行为面试问题来提问。

✓ 请描述一次你需要快速掌握新技能或知识的经历，你是如何做到的？结果如何？

✓ 在你之前的工作中，遇到过哪些学习上的挑战？你是如何克服这些挑战的？

✓ 请分享一次你成功将学到的知识应用到实际工作中的经历，具体效果如何？

✓ 请谈谈你都具备哪些学习方法？具体实践效果如何？

✓ 你未来三年内有怎么样的成长学习目标？你是如何制订学习计划的？

✓ 请描述你是如何利用碎片化时间来学习的？有什么好的技巧可以分享下？

✓ 请分享你认为导致学习效率低下的原因都有哪些？你是如何克服的？

✓ 请介绍一位你认为身边很会学习的榜样？为什么他会成为你的榜样？你能从他身上学到什么？

（2）在面试过程中，面试官也可以采用情景面试问题来提问。

✓ 假设你被安排到一个全新的项目，需要在短时间内学习大量新知识。你会如何制订你的学习计划？

✓ 如果公司引入了一项新技术或工具，而你之前从未接触过，你会采取哪些步骤来快速掌握这项技术？

✓ 假如你作为团队管理者，你的团队成员缺乏学习成长意愿，你会怎么激发他们进行学习呢？

> ✓ 假如你为自己制订了一个为时三个月的学习计划，你会如何保证学习计划得以正常执行？

（3）面试官可以通过以下行为观察要点对候选人的学习能力进行评价。

◇ 是否对学习的价值有深度的认知和剖析。

◇ 是否有过成功达成某一学习目标的经历。

◇ 是否具备多元化整合信息并找寻其规律的能力。

◇ 是否具备系统制订学习计划的能力。

◇ 是否展示出良好的时间管理和资源利用能力。

◇ 是否能够预见可能的学习困难并提出解决方案。

◇ 是否可以通过某一具体事例来描述成功的学习策略。

◇ 是否能清晰地阐述学习目标和成果。

◇ 是否表现出对学习的主动性和反思能力。

二、团队协作

对于企业发展而言，团队协作可以帮助企业提高效率并解决业务发展过程中的具体问题，也能提升员工满意度和归属感。高效团队协作也有助于更有效地分配和利用资源，员工也可以通过相互学习和交流不断提高自身的知识和技能。

被誉为"现代管理学之父"的彼得·德鲁克强调团队的目标一致性和成员之间的互补性。他认为，一个高效能的团队需要明确整体目标和每个成员的角色定位，并对每个成员所要承担的责任进行清晰定义，责任与分工是团队协作过程中必备的基石。

在《基业长青》和《从优秀到卓越》中，柯林斯强调了"合适的人在合适的位置"这一原则。他认为，高效能团队需要成员有共同的价值观和目标，同时每个人都在最适合自己的岗位上发挥作用。

关于高效团队协作的案例有很多，谷歌作为全球创新企业的代表，特别强调团队协作过程中信息透明和开放沟通的重要性，每周的全员大会和开放的问答环节都允许员工直接向高层管理人员提问。谷歌也会使用 OKR（目标与关键成果法）方法来确保团队目标与公司总体目标保持一致，这种方法可以帮助团队明确方向并专注于关键结果，这就是高效团队协作的具体实践事例。

1. 指标定义

卡耐基钢铁公司的创始人安德鲁·卡耐基认为，团队协作是朝着共同的愿景一起努力的能力，它是让普通人获得非凡成果的动力。

叔本华讲过，一个人是软弱无力的，就像漂流的鲁滨逊一样，只有同别人在一起，他才能完成许多事业。

关于团队协作，笔者以为，团队协作是指在团队工作中，明确自己的角色和职责，发挥各自所长，并通过密切配合、互补互助以达到团队最大产出的一种能力。

2. 指标拆解

在实际面试过程中，我们可以从建立信任、明确分工、善于沟通、冲突管理四个维度对团队协作能力展开评价。

（1）建立信任。建立信任是指在人际关系或团队合作中，通过言行一致、诚实可靠的行为，使他人对你的能力、诚意和意图产生信任感和依赖感的过程。信任是人与人之间、团队内部，以及组织与外部利益相关者之间良好关系的基础。

善于建立信任的人，会有如下行为表现：
· 会始终保持真实和坦诚，不隐瞒重要信息或实情。
· 在面对问题或错误时，会勇于承认和改正。
· 遇到困难或变化时会及时沟通并履行承诺。
· 倾听他人的意见，展现出对他人的关心和尊重。

· 在行为和决策上保持一致，避免反复无常和不可预测。

· 主动与他人分享信息，时刻保持开放、透明的沟通。

· 确保他人的信息和资料得到保护，不会被滥用或泄露。

· 积极支持他人的成长，帮助他们发挥潜力和实现目标。

建立信任需要时间和持续的努力，也需要考虑不同个体和文化背景的差异。建立信任在个人层面既是建立良好关系和有效合作的前提，也是构建健康组织文化和提高绩效的重要基石。

（2）明确分工。明确分工是指在团队协作中，明确自身应承担的具体任务和职责，并实现共同的目标。在明确分工时，通常会考虑到自身的技能水平、资源可用性、时间安排等因素，并确保分工安排能够灵活应对变化和挑战。

能够做到明确分工的人，会有如下行为表现：

· 能够清晰表达自身所要承担的任务和职责，避免误解。

· 能够有效地向团队成员解释分工的理由和意图。

· 能够将复杂的任务分解成可管理的小部分。

· 能够设计出有效的工作流程，让任务分配得更合理。

· 能够考虑成员的专业能力，将任务分配给适合的人。

· 关注任务执行细节，确保每个步骤都能被正确理解。

· 能够灵活应对变化，调整分工安排，以应对新的情况。

· 能够帮助团队成员，解决分工过程中可能出现的问题。

以上这些行为特征使善于明确分工的人能够有效地组织和推动工作，从而确保任务按时完成且达到预期的质量水平。

（3）善于沟通。善于沟通是指通过正式及非正式的形式与他人进行沟通，及时了解他人的需要和观点，澄清自己的要求和认识，以便迅速明确问题、达成默契、开展工作。

善于沟通的人，会有如下行为表现：

· 能够用清晰的语言表达观点，避免复杂化和歧义。

· 善于倾听他人的意见和观点，认真对待他人的看法。

· 能够提出有针对性的问题，促使对话更加深入和详细。

· 能够根据不同受众调整沟通风格，以达到最佳效果。

· 能够给予建设性的反馈和意见，帮助他人改进和成长。

· 能够识别和处理沟通中可能出现的问题和冲突。

· 能够运用适当的身体语言和面部表情，增强沟通效果。

· 能够尊重他人意见和感受，不忽视他人的观点。

善于沟通首先要具备换位思考能力，角色与立场不同，沟通的出发点和诉求点也不同。其次，利他意识也是善于沟通的关键体现，只有在沟通过程中提供对方所需，才能更大化地获得对方支持，为自身推动工作提供助力。

（4）冲突管理。冲突管理是指在个人、团队或组织内部出现意见分歧、利益冲突或感情矛盾时，采取的一系列策略和技巧，以有效识别、处理和解决冲突的过程。

善于冲突管理的人，会有如下行为表现：

· 不受情绪影响，能够客观地分析问题并制订解决方案。

· 拥有良好的沟通能力，能清晰表达自己的观点和期望。

· 能够有效地倾听和理解他人的意见和感受。

· 擅长调解和协商，能够帮助各方找到共同利益。

· 具备解决问题的能力，能够分析冲突的根本原因。

· 善于采取有效的措施解决问题，避免问题反复出现。

· 能够理解并考虑到他人的利益和情感需求。

· 表现出灵活性，能够根据具体情况调整策略和方法。

冲突管理是团队协作能力中的重要组成部分，冲突并不会伴随团队协作的全程，但如果在团队协作中出现冲突，如不及时处理，后续影响便不可预估。所以，冲突管理能力是决定团队协作能力的否决项。

3. 能力评价

评估员工的团队协作能力不仅可以帮助雇主确定候选人的工作适应性和绩效潜力，还有助于建立一个高效和谐的工作团队，推动企业的持续发展和成功。

（1）在面试过程中，面试官可以采用行为面试问题来提问。

> ✓ 请描述你在过往团队中扮演什么样的角色？并为团队作出过怎样的个人贡献？
>
> ✓ 举例说明一个你在团队中解决的冲突或不和谐局面的具体事例，当时的场景如何？你的解决过程是怎样的？
>
> ✓ 你是如何与不同工作风格和充满个性的团队成员进行合作的？请举一个事例进行说明。
>
> ✓ 描述一个你在团队中协调资源和分配任务的经历，当时都面临了哪些困难和挑战？你是如何化解的？
>
> ✓ 你是如何处理项目组成员不履行职责的情况的？处理过程是怎样的？处理结果又如何？

（2）在面试过程中，面试官也可以采用情景面试问题来提问。

> ✓ 假设你作为成员参与一个重要的决策，但在两个选择之间产生了分歧，请描述你是如何让团队达成一致的？
>
> ✓ 想象你在团队项目中遇到了团队成员之间的严重分歧，请描述你会如何介入和调解这种冲突？
>
> ✓ 假设你被任命为一个新团队的项目经理，团队成员来自不同部门和背景，请描述你将如何促进团队协作和沟通，以确保项目的顺利进行。

✓ 想象你在团队中有团队成员经常缺乏合作精神或不履行他们的责任。请描述你会如何处理这种情况，以维护团队的整体效率和和谐。

✓ 假设你是一个团队领导者，负责一个重要项目的执行。请描述你会如何有效地分配任务和资源，以确保每个团队成员都能理解他们的角色和责任。

（3）面试官可以通过以下行为观察要点对候选人的团队协作能力进行评价。

◇ 是否展现出积极参与团队活动的态度。

◇ 是否愿意分享想法、提出建议，并为团队目标作贡献。

◇ 是否能清晰表达观点，倾听他人的意见。

◇ 是否愿意承担责任并信任团队成员能够完成任务。

◇ 是否能够冷静处理团队冲突，以及促进团队内部和谐。

◇ 是否能够适应环境的变化，应对新情况或不确定性。

◇ 是否具备利他意识，愿为团队目标放下个人得失。

◇ 是否具备开放包容性，能够接纳不同的意见。

◇ 是否具备冲突化解能力，使团队成员达成共识。

三、抗压能力

对于企业发展而言，抗压能力可以帮助企业提高工作效率和生产力。抗压能力强的员工能够在高压环境下保持冷静和专注，能够更好地应对工作中的压力和挑战，减少因压力导致的情绪波动和冲突，能够保持积极的心态和创造性思维，找到创新的解决方案。

员工的抗压能力对企业发展具有多方面的积极影响，抗压能力强的员工不容易产生职业倦怠或寻求离职，有助于提高企业的人才保留率。

维珍集团创始人理查德·布兰森强调抗压能力是成功的关键能力之一，他认为，面对挑战和失败时，能够从中学习并迅速恢复的人具备抗压能力，这种能力对于企业家和领导者都至关重要。

《坚韧力》一书的作者安吉拉·达克沃斯将抗压能力描述为"坚持不懈和努力不懈的能力，即使面对困难和挑战也不轻易放弃的意愿和能力"。

《抗压力》一书的作者凯利·麦戈尼格尔认为，抗压力并不是要完全消除或避免压力，而是提升个体应对压力的能力，通过积极的心态和行动来应对压力。

阿里巴巴公司非常重视员工的心理健康和抗压能力，他们设立了专门的健康管理部门，为员工提供心理咨询和支持服务。此外，阿里巴巴还向员工推广健康的生活方式，如定期组织健康讲座和运动活动，以保持员工的身心健康并提升其抗压能力。

在提升员工抗压能力方面所采取的举措不仅有助于提升员工的工作效率和生产力，也有助于创造健康、积极的工作环境，促进企业的可持续发展。

1. 指标定义

斯坦福大学备受赞誉的心理学家凯利·麦戈尼格尔将抗压能力定义为"处理压力的能力，不仅是应对和减少压力的能力，也包括通过积极的方式增强应对能力，以便更好地应对日常生活中的压力和挑战"。

哈佛大学心理学博士丹尼尔·戈尔曼将抗压能力与情商联系在一起，认为高情商的个体能够更好地管理情绪和应对压力，从而提高在工作和生活中的表现。

关于抗压能力的定义，笔者更愿意接纳美国心理协会（APA）给出的定义，APA将抗压能力描述为"在面对挑战、变化和逆境时，保持身心健康和有效应对的能力"。

2. 指标拆解

在实际面试过程中，我们可以从情绪管理、适应能力、坚持不懈、积极应对四个维度对候选人的抗压能力展开评价。

（1）情绪管理。情绪管理是指个体有意识地识别、理解和处理自身情绪反应的能力。它涉及有效调节和控制情绪，以便适应不同的情境和挑战。情绪管理不仅包括处理负面情绪，还包括促进积极情绪的能力。

情绪管理能力强的人，会有如下行为表现：

· 能够准确识别和理解自己情绪，包括情绪的来源。

· 能够有效控制自己的情绪反应，避免过度反应。

· 能够保持冷静，能够清晰思考并做出理性决策。

· 能够适度表达自己的情感，而不是过度抑制。

· 具备使用积极情绪的调节能力，如运动或冥想等。

· 能够理解他人的情绪状态，能有效地与他人进行沟通。

具备良好情绪管理能力的人，可以大大降低团队协作过程中发生冲突的概率，也可以提升团队整体的抗压能力。抗压能力低的员工难免会在工作过程中释放负面情绪，负面情绪很容易在团队内部进行扩散。所以，评价候选人抗压能力时，首先要评价的就是情绪管理能力。

（2）适应能力。适应能力是指个体在面对新的环境、情境或变化时，能够快速调整和适应的能力。这种能力包括个体对外界变化的敏感度、灵活性和调节能力，使其能够有效地适应不断变化的条件和需求。

适应能力强的人，会有如下行为表现：

· 能够迅速理解和适应新的工作任务、技术或方法。

· 具备较强的学习能力和灵活的认知适应能力。

· 在面对问题和挑战时，能够灵活调整策略和方法。

· 倾向于积极主动地寻求改进和解决问题的机会。

· 能够迅速融入新的工作环境或团队，与不同的人合作。

· 能够保持理性，不易受情绪波动或外界压力的影响。

· 具有反思能力，能从经验中学习并根据反馈调整行为。

AI 时代正在加速技术变革的频率，时代的巨变也正在重塑组织的业务形态，敏捷性组织也正在成为组织发展的时代课题。如何让员工更具备灵活性和适应力，不仅符合时代发展的规律，也符合组织战略目标达成的需要。

（3）坚持不懈。坚持不懈是指在面对困难、挑战或逆境时，保持持久的努力和毫不动摇的决心。这种态度和行为体现了个体对于实现目标或完成任务的强烈意愿和不屈不挠的精神。

> 能够做到坚持不懈的人，会有如下行为表现：
> ·设定明确的长期和短期目标，并致力于实现这些目标。
> ·面对困难挫折时，能保持冷静并寻找解决问题的方法。
> ·具备较强的自我管理能力，能够坚持执行计划。
> ·注重积累经验，从失败中汲取教训，不断改进策略。
> ·保持积极的心态和乐观的态度，对变化持开放态度。
> ·能够履行承诺，不轻易放弃，始终高标准要求自己。
> ·通过自己的行动和精神激励他人，展示出正能量。

坚持不懈是具有韧性的表现，具有韧性的员工不会轻言放弃，更愿意为目标的达成而持续努力。流水不争先，争的是滔滔不绝。要想持续保持组织的活力，就需要招聘更多具备坚持不懈品质的员工。

（4）积极应对。积极应对是指个体面对挑战、压力或逆境时采取的积极有效的应对策略。这种态度和行为反映了个体在面对困难时的乐观、果断和解决问题的能力。

> 能够做到积极应对的人，会有如下行为表现：
> ·倾向于以积极的心态和乐观的态度看待挑战。
> ·面对困难能够冷静分析问题，找出根本原因。
> ·具有自我激励能力，能够设定明确的目标并持续努力。
> ·具备学习和适应新知识的能力，能从经验中汲取教训。

· 在面对逆境时能表现出坚韧，不轻易被挫折击倒。

· 懂得寻求和利用他人的支持来建立良好的人际关系。

· 会分享经验，鼓励他人面对困难时保持积极态度。

积极应对不仅仅是一种心态，更是一种能力。乐观、希望等心理特质都是提升积极应对能力的底层特质。与此同时，有具体有效的应对策略，能够在应对过程中得到正向反馈，也是非常重要的。

3. 能力评价

评估候选人的抗压能力是非常有必要，员工的抗压能力对企业发展具有多方面的积极影响。

（1）在面试过程中，面试官可以采用行为面试问题来提问。

✓ 请分享一个你在工作中面对巨大压力的具体情况，你是如何处理的？

✓ 你过往遇到过最具挑战性的工作情境是什么？你是如何应对的？

✓ 假设你负责的项目面临突变，面对巨大的压力，你会如何应对？

✓ 当你遇到多重优先事项和紧急任务时，你的处理策略是什么？

✓ 假设你的团队面临快速变化的市场需求，你会如何带领团队应对？

✓ 你如何在压力下有效地与团队合作，以实现共同的目标和成果？

✓ 你如何从过去的工作经历中学习，以应对类似的挑战和压力？

✓ 在面对失败或挫折时，你通常会如何反思和调整自己的行动？

（2）在面试过程中，面试官也可以采用情景面试问题来提问。

✓ 假设你负责的项目面临了严重的时间压力，你会如何安排工作和资源以确保项目按时完成？

✓ 假设你所在的团队中出现了意见分歧，导致进度受阻，你会如何处理这种情况？

✓ 假设在工作中突然遇到一个紧急问题，需要立即解决，你会如何应对？

✓ 假设你的公司遭遇了一场危机，如产品故障问题，你会如何应对？

✓ 如果你需要在资源有限的情况下提高生产效率，你会采取哪些措施？

✓ 假设你的团队遇到了关键系统的故障，影响了业务运作，你会如何应对和恢复？

✓ 如果公司面临市场萎缩和裁员压力，你会如何支持和激励你的团队？

（3）面试官可以通过以下行为观察要点对候选人的团队协作能力进行评价。

◇ 是否能在面对压力时保持冷静和镇定，不被情绪左右。

◇ 是否能识别和分析问题的根本原因，提出解决方案。

◇ 是否能够快速适应变化的工作环境和情况。

◇ 是否能有效地与团队合作，协调资源和人力。

◇ 是否能保持积极乐观的态度，时刻保持韧性和坚定。

◇ 是否能从失败和挫折中吸取教训，进行反思和调整。

◇ 是否能为实现某一目标，坚持不懈的努力。

◇ 是否能根据环境不同角色不同来调适自身角色。

四、沟通能力

对于企业发展而言，员工的沟通能力非常重要，良好的沟通能够帮助员工更快速地理解任务和目标，减少误解和重复工作。有效的沟通有助于及时解决工作中的问题和冲突，避免小问题演变成大问题。

美国通用电气公司前首席执行官杰克·韦尔奇强调了沟通在组织中的重要性，他认为，沟通能力不仅仅是交流信息，更是建立文化、激励员工和推动战略实施的关键因素。

Facebook 的首席运营官雪莉·桑德伯格认为，沟通能力是有效领导和管理的基础。她强调，清晰而坦诚的沟通有助于建立信任，促进团队成员之间的有效合作，从而推动企业的创新和成长。

全球创新公司谷歌倡导"开放和透明"的沟通文化，员工可以通过多种渠道进行自由交流。谷歌内部有多个平台供员工分享想法、提出建议和反馈。使用的工具包括 Google Meet、Google Chat 等，支持员工之间的实时沟通和协作。

1. 指标定义

《高效能人士的七个习惯》的作者史蒂芬·柯维强调，良好的沟通能力是有效领导和成功团队建设的基础，包括积极倾听和能动性的沟通方式。

巴菲特认为，有效的沟通是成功的关键之一。他强调，良好的沟通不仅包括清晰地表达想法和观点，还包括善于听取和理解他人的观点。

关于沟通能力的定义，笔者倾向接受《纽约时报》专栏撰稿人、组织心理学家、沃顿商学院最年轻的终身教授亚当·格兰特给出的定义。他认为沟通能力不仅仅是表达和倾听，还包括情商和同理心。他强调，通过积极倾听和理解他人的观点，领导者可以更有效地解决冲突并推动团队合作。

2. 指标拆解

在实际面试过程中，我们可以从开放心态、积极倾听、清晰表达、正向反馈等核心要素对沟通能力展开评价。

（1）开放心态。开放心态指的是一种接受和尊重不同观点、态度和信念的心理状态。沟通过程中开放心态至关重要，友好的沟通对象都懂得允许差异化，接纳不同的观点和视角。

具备开放心态的人，都有如下行为表现：

· 能够接受和欣赏不同文化和观点，不排斥差异化。

· 愿意从新的经验中学习，对知识的获取持积极态度。

· 面对变化时能够调整自己的思维和行为方式。

· 能尊重他人的观点和决定，不因差异产生负面情绪。

· 倾向于寻找共识，促进团队合作和共同目标的达成。

· 能够客观地审视自己的想法，愿意接受他人的反馈。

· 敢于尝试新的想法，不受传统观念或既定思维限制。

开放心态能够让沟通者在沟通过程中多提出开放性问题，也同时会让沟通过程更加开放和多元，更愿意采用互相启发的方式来沟通，这是开放心态在沟通过程中的主要作用。

（2）积极倾听。积极倾听指的是以全神贯注的态度倾听对方的言辞，并通过语言方式和非语言方式表达自己的理解和支持。

能够做到积极倾听的人，都有如下行为表现：

· 保持眼神交流，表明你专注于对方所说的话。

· 身体轻微前倾，表明你对对方所说的话感兴趣。

· 适时点头表示你理解对方的观点，鼓励对方继续表达。

· 通过适当的"嗯""是的"等声音回应。

· 避免对方分心，不查看手机、不打断对方讲话。

· 适当的时候提出问题，以确保自己理解对方的意思。

· 复述对方的话语，以确保自己正确理解并给予反馈。

· 给予适当的面部表情反馈，如微笑、皱眉等。

积极倾听在沟通过程中所发挥的作用就是持续激发对方的表达欲，让沟通对象更愿意提供有价值的信息和建议，为达成彼此之间的沟通目的和沟通效果提供支持。

（3）清晰表达。清晰表达是指能够以明确、简洁和有条理的方式传达信息，使听者或读者能够准确理解传递的内容，清晰表达不仅能够提高沟通的效率和效果，还能增强个人的影响力和说服力。

能够清晰表达自身想法的人，都有如下行为表现：

· 用简单的语言传达信息，避免使用复杂的句子。

· 逻辑分明地组织内容，使用明确的开头、主体和结尾。

· 突出重要信息，避免次要信息掩盖主要信息。

· 用具体的事例、数据来支持观点，使信息更具说服力。

· 避免使用容易引起误解的词语，确保信息准确性。

· 根据受众的背景、知识水平和兴趣调整表达方式。

· 使用表格、图片和其他视觉辅助工具来增强表达效果。

· 注意听众的反应，根据反馈及时调整表达方式和内容。

· 在表达的结尾部分，明确指出结论或建议的行动项。

清晰表达对于沟通能力是很重要的，如何讲明观点、突出重点并让观点表达有逻辑，这直接决定了沟通有效性。沟通的本质是交互，信息交互是沟通的客观载体。所以，清晰表达对于沟通能力非常重要。

（4）正向反馈。正向反馈是指对他人行为、表现或成就给予积极评价和肯定的行为。它强调对正面行为的认可和赞扬，旨在鼓励和增强这种行为，同时提高个体或团队的动机和效率。

沟通过程中能够做到正向反馈的人，都有如下行为表现：

· 以真诚和积极的态度表达肯定，让对方感受到认同。

· 会具体指出被赞扬的行为或成就，而不是泛泛而谈。

· 倾向于在适当的时机给予反馈，以增强效果和记忆。

· 会提供如何继续保持或提升良好表现的建议或意见。

· 会通过言语和态度鼓励对方继续保持积极的行为。

> ·用面部表情和声音语调传递支持的信息。
>
> ·能够注意到对方可能被忽视的细节，增强反馈真实性。

正向反馈的价值在于接纳和肯定，接纳代表沟通者愿意接纳不同的声音和建议，肯定代表认同对方的表达权力和内在思考。正向反馈最大的挑战就是否定性评价，在沟通过程中要更多提出建设性建议，才会对沟通效果有促进作用。

3. 能力评价

候选人必须能够在面试过程中自信地表达自己的技能、经验和能力，以展示他们对职位的适应性和价值。

（1）在面试过程中，面试官可以采用行为面试问题来提问。

> ✓ 描述一个你曾经解决过的沟通挑战或冲突的情况。
>
> ✓ 举例说明你如何有效地与团队成员合作完成一个项目？
>
> ✓ 请描述一次你在处理冲突时采取的沟通策略。
>
> ✓ 在你过去的经历中，你是如何与客户进行有效沟通的？
>
> ✓ 举例说明你如何向非技术人员解释复杂的技术问题？
>
> ✓ 告诉我一个你不得不向团队传达坏消息的经历。
>
> ✓ 描述一个你必须说服他人接受你观点或建议的情况。
>
> ✓ 请讲一个你如何通过沟通影响团队决策的例子。

（2）在面试过程中，面试官也可以采用情景面试问题来提问。

> ✓ 假设你负责的项目时间紧迫，你会如何沟通并协调团队的工作？
>
> ✓ 如果客户对项目结果不满意，你会如何与客户沟通并解决问题？
>
> ✓ 在团队会议上出现严重的意见分歧时，你会如何处理这种情况？

（3）面试官可以通过以下行为观察要点对候选人的沟通能力进行评价。

◇ 是否能够用简洁清晰的语言表达复杂的想法和观点。

◇ 是否能专注倾听他人，理解对方观点和感受。

◇ 是否能根据情境和对方的需求调整沟通风格。

◇ 肢体语言、面部表情与言语内容是否能保持一致。

◇ 是否能提出有针对性的问题，并做出恰当的回应。

◇ 是否能够有效地管理自己的情绪，保持冷静和理性。

◇ 是否能够给予他人积极、具体和有建设性的反馈。

◇ 是否能有效地协调和推动工作，营造良好的工作氛围。

◇ 是否能够在紧张的情况下保持冷静，并有效处理冲突。

五、逻辑思维

逻辑思维能力强的员工能够更快速、准确地分析和解决复杂的问题。能够基于事实和数据进行理性的分析和评估，从而提升决策的准确性和效果。能够在创新过程中提供逻辑一致的理念和建议，促进新产品和服务的开发，并优化现有流程和系统。

阿兰·图灵强调逻辑思维在计算机科学和人工智能中的基础作用。他说："机器不能思考，但可以进行逻辑运算，这是理解计算机科学的关键。"

斯蒂芬·霍金认为，科学思维包含逻辑推理，是理解宇宙和解决复杂问题的核心方法。他说："科学不仅是一门学科，它也是一种思维方式。"

AI 时代的到来，算法开发、数据分析、人机交互、风险管理、跨学科融合、伦理和道德考量，这些都需要逻辑思维作为核心能力进行分析和制订解决方案。所以，逻辑思维的价值不仅没有减少，反而变得更加重要。

1. 指标定义

阿尔伯特·爱因斯坦认为逻辑思维是一种基本的推理能力，可以通过系统性和结构性的方法来理解和解决问题。伊萨克·牛顿将逻辑思维描述为通过精确的推理和数学方法来发现和验证自然规律的过程。

笔者更愿意接受的定义是，逻辑思维指个体在分析、推理和解决问题过程中，能够按照一定的逻辑原则和规则进行思考的能力。它涉及识别、理解和应用逻辑关系，以得出合理的结论。

2. 指标拆解

逻辑思维是科学思维和理性决策的基础，我们在面试过程中可以从分析能力、推理能力、归纳能力、演绎能力和系统性思维五个维度对逻辑思维展开评价。

（1）分析能力。分析能力是一种关键的认知技能，是指个体能够系统性分解、理解和评估复杂信息或问题的能力。具体来说，分析能力包括信息分解、关系识别、模式识别和评估判断等要素。

> 分析能力强的人，都有如下行为表现：
> - 能够从系统的角度看待问题，不仅关注表面现象，还能理解背后的原因和相互关系。
> - 能够将复杂问题分解成更小、更具可管理性的部分，逐步解决每个部分。
> - 能够从大量信息中识别出模式、趋势和规律，帮助理解问题的本质和发展趋势。
> - 具备批判性思维能力，能够客观地评估信息的真实性和可靠性，避免陷入偏见或误导。
> - 能够清晰、准确地向他人解释复杂的概念和分析结果，以及为什么达成某个结论。

分析能力是一种问题解决的底层能力，尤其是在复杂问题的解决过程中，要分析问题背后的核心挑战是什么，其中主要的制约要素都有哪些，相关要素之间的影响关系有哪些，这都需要分析能力来解决。

（2）推理能力。推理能力指的是个体通过逻辑和推理方法，从已知信息中推导出新的信息或得出合理结论的能力。这种能力在认知心理学和逻辑学中很有意义，它涉及逻辑推理、因果推理、归纳推理、演绎推理和统计推理等。

> 推理能力强的人，都有如下行为表现：
> · 能清晰表达自己的思想，并使用逻辑结构和推理链条来支持自己的观点或决策。
> · 能够准确地识别事件或行为之间的因果关系，并在此基础上进行合理的推理和预测。
> · 在处理数据和信息时，保持细致入微的态度，确保推理过程中的每一步都是准确和完整的。
> · 能够客观地评估和分析信息的真实性、逻辑性和有效性，避免偏见和错误的推理。
> · 在解决问题或面对挑战时，能够提出新颖、创新的解决方案，通过不同的角度和方法来思考问题。

推理能力是日常工作中分析问题并制订解决方案的核心能力，执行解决方案之前一定要评估风险并制订应对预案，这些都需要推理能力的支持。

（3）归纳能力。归纳能力是指个体从具体的实例、案例或事实中总结出普遍性规律、趋势或结论的能力。归纳能力包括从具体到一般的推理、模式识别、一般化能力、提取本质特征和创新思维等。

> 归纳能力强的人，会有如下行为表现：
> · 能够仔细观察周围的环境和事件，注意到细节和变化，善于从具体的事物中提取重要信息。
> · 能够从大量的信息和数据中识别重复出现的模式、趋势和关系，发现隐藏的规律。

· 在处理复杂信息时，能迅速提炼出核心要点，总结出一般性的规律或原则。

· 能够清晰、简洁地表达复杂的概念和推理过程，使他人容易理解自己的归纳结论。

· 能够评估和验证自己的归纳结论，识别潜在的偏见和错误，并进行必要的调整和改进。

归纳能力是探寻事物发展规律的基础能力，史学家们经常说历史学就是未来学，原因就在于历史规律在今天正在一遍又一遍上演。要想识得业务发展过程中的本质，这是需要归纳能力作为支撑的。

（4）演绎能力。演绎能力是指通过逻辑推理，从一般原则或已知事实出发，推导出具体结论的能力。演绎能力通常涉及逻辑推理、从已知到未知、结构化思维和批判性分析等四个方面。

演绎能力强的人，会有如下行为表现：

· 能够清晰地表达观点和理由，逻辑顺序井然有序，推论过程条理分明。

· 善于分解复杂问题，分析其各个组成部分，从已知信息中推导出结论。

· 能够准确地从已知事实或前提推导出具体结论，很少出现逻辑错误或推论失误。

· 能够系统化地思考问题，将复杂的信息组织成易于理解和分析的结构。

· 通过逻辑推理，能够预见事情的发展趋势或结果，做出预防性决策。

演绎能力在企业制订战略规划时应用特别深，不仅要对行业发展趋势进行推演，更要对公司本身的发展策略进行推演。演绎能力可以通过沙盘模拟、头脑风暴会议和焦点小组会议等形式展开。

（5）系统性思维。系统性思维是指在思考、分析和行动中遵循系统化和有条理的方法。系统性思维广泛应用于各种领域，如项目管理、科学研究、企业运营等。

> 具有系统性思维的人，都有如下行为表现：
> · 考虑问题时不仅关注个别部分，而是从整体出发，理解各个部分之间的相互关系和影响。
> · 信息、资源和过程被有序地组织和管理，使得每个步骤都能被高效地执行，并与整体目标一致。
> · 行动和决策遵循一致的原则和方法，确保各个部分和阶段之间的连贯性和协调性。
> · 事先制订详细的计划，并考虑可能出现的各种情况和应对措施，从而减少不确定性和突发事件的影响。
> · 决策和行动基于数据和事实，避免主观臆断和随意性，提高决策的科学性和准确性。

系统性思维是一个非常重要的能力特质，系统性思维让个体更具备全局意识，塑造全局观，从全局视角思考问题并制订行动计划，保证行动策略的可实施性。

3. 能力评价

评估候选人的逻辑思维能力非常有必要，现代工作环境中，员工常常面临复杂且多变的问题。具备良好的逻辑思维能力可以帮助他们从根本上分析问题，并找到有效的解决方案。

（1）在面试过程中，面试官可以采用行为面试问题来提问。

> ✓ 请描述一个你遇到的复杂问题，以及你是如何分析和解决它的。
> ✓ 请举一个你使用数据来做业务决策的例子，你是如何收集、分析数据并得出结论的？

✓ 你曾经是否需要通过数据来支持或反驳某个观点？请详细说明整个过程。

✓ 请描述一个你需要通过逻辑推理来解决问题的工作场景。你是如何得出结论的？

✓ 你在过去的工作中，是否遇到过需要辨别因果关系的情况？请举例说明。

✓ 你曾经参与过一个复杂项目吗？请详细描述你是如何规划和执行这个项目的。

（2）在面试过程中，面试官也可以采用情景面试问题来提问。

✓ 假设你在公司发现一个长期存在的运营问题，影响了整个团队的工作效率。你会如何分析这个问题，并提出改进方案？

✓ 公司最近的销售数据出现异常波动。你被要求找出原因并提出建议。你会如何着手进行分析？

✓ 你接到一个任务，要求你分析客户的反馈数据以改进产品。请描述你会如何处理这些数据，并提出改进建议。

✓ 公司计划在新市场推出一款产品，但面临多个挑战。你被要求评估市场机会和风险，并提出是否进入该市场的建议。你会如何进行评估？

✓ 你负责的项目遇到突发风险，可能导致延迟交付。你会如何评估和应对这个风险，确保项目目标的达成？

✓ 你发现部门的某些流程效率低下，影响了整体业绩。你会如何进行流程分析，并提出改进建议？

（3）面试官可以通过以下行为观察要点对候选人的沟通能力进行评价。

◇ 能够有条理地组织其答案，逻辑顺序明确。
◇ 能够快速识别问题的关键点，而不是仅仅停留在表面。

◇ 能够引用具体数据或事实来支持其分析和结论。

◇ 能够阐明因果关系，说明为什么某些行动会导致某些结果。

◇ 能够提出合理的假设，并通过逻辑推理验证这些假设。

◇ 在面对不确定性时，能够迅速调整思路并提出解决方案。

◇ 能够直接回答问题，避免冗长的背景描述或无关表达。

◇ 在描述过程中展示出对假设、数据和结论的质疑精神。

◇ 能够描述失败的案例，并分析原因和改进措施。

六、责任担当

责任感强的员工通常更加可靠，能够按时完成任务，确保工作质量。这种可靠性使团队和管理层能够信任他们，并减少对其监督和检查的必要性。

有责任感的员工会自我驱动，积极主动地完成工作任务，会更加认真和仔细地对待工作。不仅关注自己的工作，还会主动帮助团队成员，促进团队合作和协作，提高团队整体绩效。

现代管理学之父彼得·德鲁克认为，管理的核心是人的管理。他强调责任感是员工自我管理的基础。德鲁克指出，只有当员工具备高度的责任感，企业才能真正实现自我管理和高效运作。

美国西点军校会用一整套系统化方法和教育体系来提升军官的责任意识，会有严格的纪律和规章制度，如"不得撒谎、欺骗、偷窃，也不容忍他人这样做"。这种严格的荣誉守则强化了学员的责任感和诚信意识。

1. 指标定义

埃隆·马斯克非常重视员工责任感，特别是在创新和高风险项目中，责任感强的员工对企业的使命有深刻的理解和认同，愿意为实现这一使命付出额外的努力。

沃伦·巴菲特也非常重视员工的诚信和责任感，责任感体现在员工的诚信和透明度上，责任感强的员工会对自己的行为负责，不隐瞒错误。

关于责任感的定义，笔者认为责任感是一种心理状态和行为特质，指的是个体对其行为、任务和承诺所负的责任，并愿意为这些行为和结果承担后果的意识和态度。

2. 指标拆解

责任感是一个多维度的概念，涵盖了多个方面。我们在面试过程中可以从保持诚信、明确责任、主动承担、遵守规范和质量意识五个维度对责任担当展开评价。

（1）保持诚信。诚信，即诚实和守信，是指一个人在言行上真实可信，不欺骗他人，且言而有信，履行承诺。诚信是个人品质和道德行为的核心。

保持诚信的人，都有如下行为表现：
· 不虚伪，不说谎，坦诚面对自己的行为和言论。
· 答应别人的事情一定要做到，履行承诺和责任。
· 不虚构事实，提供准确的信息和描述。
· 对他人的意见和承诺持尊重态度。
· 对自己的行为和决策负责，愿意承担后果。

最大的危机是信任危机，最大的破产是信用破产。当个体在职场中不再被信任，拥有再强的个人能力也很难成事。所以，保持诚信是职场的第一课，也是沉淀个人口碑的关键所在。

（2）明确责任。明确责任是指清晰地界定每个人在团队或组织中的职责和义务，确保每个人都了解自己的工作范围和所承担的任务。

懂得明确责任的人，都有如下行为表现：
· 明确表达自己的任务和职责。
· 主动接受并完成分配的工作。
· 与团队成员合作，共同达成目标。

· 制订合理的计划，确保按时完成任务。

· 及时汇报进展，反馈问题和结果。

明确责任是团队高效协作的基础，员工自主承担职责是与他人合作的前提。每个人在不同的工作中承担不同的项目角色，只有明确责任才能更好的多线并举，拿到更多的工作成果。

（3）主动承担。主动承担是指自愿接受并履行责任，而不是被动等待或推卸。主动承担的员工能够主动分担工作，减轻他人负担，帮助组织提升效率。

能够主动承担的人，会有如下行为表现：

· 在团队中主动申请承担工作。

· 遇到困难时勇于迎接，而非逃避。

· 发现问题后主动寻找解决方案。

· 有效管理时间和资源，确保任务按时完成。

· 对自己的行为负责，不推卸责任。

主动承担是积极工作的表现，成长型思维和固定型思维的最大区别就是主动性。具备成长型思维的人会主动寻求资源，主动制订方案，主动学习与思考，主动获得成果。所以，员工在工作当中具备主动性，是有责任心的一种表现。

（4）遵守规范。遵守规范是指个人或组织按照既定的规则、标准或程序行事。遵守规范的员工能够确保企业业务的合规性，遵守法律和行业标准，减少因违规带来的潜在损失。

懂得遵守规范的人，会有如下行为表现：

· 熟悉规则，了解并熟记相关法规和公司政策。

· 按流程办事，严格按照标准操作流程执行任务。

· 重视安全，遵循安全规程，确保工作环境安全。

·主动学习，积极学习新规章制度和行业标准。

·接受监督，欢迎反馈，持续改进自己的行为。

每个公司都有自己的规章制度，每个行业都有自身的行业规范。遵守规范是下限管理，是红线管理，尤其在一些涉及民生安全领域的企业，遵守规范至关重要。

（5）质量意识。质量意识是指个人或组织对产品或服务质量重视的认知和态度。具备质量意识的员工可以帮助企业提升产品质量，提高客户满意度。

具有质量意识的人，会有如下行为表现：

·细致认真，注重细节，确保每项任务达到高标准。

·持续学习，不断学习新知识和技能，提升专业水平。

·主动反馈，发现问题及时报告并提出改进建议。

·客户导向，关注客户需求，提升客户满意度。

·预防问题，提前识别潜在问题，采取措施防范。

质量意识代表员工对工作成果有要求，不得过且过，不偷工减料，不蒙混过关。质量意识强的员工日常工作会很自律，严于律己，会在细节处打磨成果，以输出更好的解决方案。

3. 能力评价

评估候选人的责任担当非常有必要，评价员工的责任担当有助于建立良好的企业文化和员工关系，推动企业朝着成功和可持续发展的方向前进。

（1）在面试过程中，面试官可以采用行为面试问题来提问。

✓ 可以举个例子，描述一个你在工作中遇到的挑战，你是如何处理的，以及最终的结果是什么？

✓ 能否分享一个你在团队中主动承担责任，并且成功完成任务的经历？

> ✓ 你过往在项目中的一个关键任务出现了问题，你当时是怎么处理的？
>
> ✓ 你的团队遇到了紧急情况，你是项目负责人，你会如何处理？

（2）在面试过程中，面试官也可以采用情景面试问题来提问。

> ✓ 如果你在工作中遇到了一个紧急情况，而你是唯一可以解决问题的人，你会怎么做？
>
> ✓ 当你在工作中犯了一个重要错误，你是如何处理的？你会如何确保类似的错误不再发生？
>
> ✓ 有没有遇到过一个特别困难的项目或任务？你是如何面对挑战并且最终成功的？
>
> ✓ 如果你在团队中发现一个成员未能履行其职责，你会如何处理这种情况？
>
> ✓ 如果入职这项工作，你认为自己最大的责任是什么？你要如何履行这个责任？

（3）面试官可以通过以下行为观察要点对候选人的责任担当进行评价。

> ✧ 是否能详细描述过去承担责任的具体事例的全过程。
>
> ✧ 如何描述面对问题时的应对措施，是否主动承担责任。
>
> ✧ 是否展现出主动解决问题和承担额外任务的态度。
>
> ✧ 是否使用积极的语言，展现出对责任的认同和重视。
>
> ✧ 是否强调个人对团队成功的贡献和对他人支持的重视。
>
> ✧ 是否能从过往经历中反思并提出改进措施。
>
> ✧ 是否有规则意识，对法律法规和行业规则心存敬畏。

七、推进执行

执行力强的员工能够有效执行计划并输出成果，高效执行能够减少时间浪费，提高工作效率。执行力强的员工能够快速响应市场变化，将创新想法转化为实际产品和服务，保持企业的竞争优势。

华为创始人任正非十分重视执行力，他强调要快速响应市场和客户需求，将执行力作为企业竞争力的核心。并说"没有执行，就没有结果"，指出计划再好，如果没有执行，都是徒劳。

马斯克讲过"完成比完美更重要"，他强调在快速发展的科技行业中，及时推出产品并进行迭代比追求完美更为重要。这种观点反映了他对执行力和快速行动的重视。

各大企业在提升员工执行力层面的策略有很多，包括设定清晰的工作目标和岗位职责，实施严格的绩效考核制度，设立奖惩机制，激励员工积极推进项目进展，努力完成工作目标等。

1. 指标定义

通用电气董事长兼首席执行官杰克·韦尔奇认为执行力是将战略转化为行动的能力，他强调行动远比计划更为重要。

苹果公司创始人史蒂夫·乔布斯将执行力定义为将创意和想法转化为产品或服务的能力，强调实施和细节的重要性。

哈佛商学院认为执行力是将战略和计划转化为具体的、可操作的步骤，并有效实现这些步骤的能力。强调在有限的资源和时间内，高效完成任务和项目，确保预期目标的达成。

关于执行力的定义，笔者认为执行力是将计划、策略和目标高效转化为具体行动和成果的能力。执行力对于个人和企业的成功至关重要，因为它决定了计划和策略的有效落实。

2. 指标拆解

推进执行是一个垂直性比较强的概念，重点强调行动的效率性和有效性。我们在面试过程中可以从明确目标、行动导向、高效协作、持续监控和结果导向五个维度对推进执行展开评价。

（1）明确目标。明确的目标包括清晰性、具体性、可衡量性、可达成性和时限性五个特征。

> 能够明确目标的人，会有如下行为表现：
>
> ·能够清晰、简明地表达目标，并确保他人理解和接受。
>
> ·能够制订详细且具体的行动计划，以实现设定的目标。
>
> ·自我管理能力强，能够设定个人目标并持续地追求。
>
> ·能够区分和设定优先级，将时间投入重要的任务中。
>
> ·能够根据环境变化调整目标和计划，保持灵活性。

目标的驱动力量是非常强大的，有目标的人和没有目标的人在工作动能上有明显差异。明确目标、梳理目标、分解目标是强化员工推进执行能力的第一抓手。

（2）行动导向。行动导向是指一种倾向于快速采取具体行动的思维和行为方式。它包括快速响应、实践优先、结果驱动、主动解决问题、灵活调整和高效执行等特点。

> 能够做到行动导向的人，会有以下行为表现：
>
> ·快速决策，面对问题时迅速做出决策，避免拖延。
>
> ·立即行动，快速付诸实践，不空谈。
>
> ·结果导向，专注于达成具体目标和结果。
>
> ·主动解决问题，遇到障碍时积极寻找解决方案。
>
> ·灵活调整，根据反馈及时调整行动计划。
>
> ·自我激励，自我驱动，保持积极的工作态度。

行动的天敌就是畏难情绪，员工在工作中不知道怎么干，不知道干什么，本质上都是员工要先想清楚，再去干清楚。人本身就对不明白的事情有畏难情绪，如此会让我们更倾向在安全区域内活动。但是先干起来要远比想清楚重要的多。所以，行动导向非常重要。

（3）高效协作。高效协作是指团队成员通过有效地沟通、明确地分工和积极地配合，共同实现目标的过程。它包括明确分工、有效沟通、互相支持、目标一致、灵活应变和积极倾听等特点。

> 能够高效协作的人，会有如下行为表现：
>
> ·主动沟通，及时分享信息，确保团队了解工作进展和问题。
>
> ·倾听理解，认真倾听他人观点，理解团队成员的需求。
>
> ·责任明确，清晰自己的角色和任务，按时完成工作。
>
> ·互助精神，积极支持团队成员，愿意帮助他人。
>
> ·积极反馈，提供建设性反馈，保持团队进步。
>
> ·共同目标，专注于团队的共同目标，而非个人利益。

推进执行某项工作一定离不开组织协作，员工要在组织内拿到工作成果，一定需要在组织内部获得力量支持，亦或是上级的授权，亦或是同级的帮扶，亦或是下级的助力。所以，高效协作是对推进执行某项工作的基础保证。

（4）持续监控。持续监控是指在项目或任务执行过程中，持续跟踪和评估项目进展，以确保目标实现的能力。它包括实时跟踪、数据收集、问题识别、反馈调整和透明沟通等特点。

> 能够做到持续监控的人，会有如下行为表现：
>
> ·定期检查，定期评估项目进展和结果。
>
> ·数据驱动，收集和分析相关数据，追踪关键指标。
>
> ·细致观察，注意细节，及时发现问题和偏差。

·及时反馈，根据监控结果提供建设性反馈。

·灵活调整，根据进展调整计划和策略。

·设定阶段性目标，以便更好地跟踪进度。

持续监控是对过程进行管控的体现，做好进度管控，才能更好推进进度，才能让工作进度距离目标越来越近。

（5）结果导向。结果导向是指专注于实现明确的目标和成果，而不是过程本身。它包括目标清晰、绩效评估、资源优化、灵活应对和持续改进等特点。

能够做到结果导向的人，会有如下行为表现：

·设定明确目标，清晰地定义成果和目标。

·专注关键任务，集中精力在最重要的任务上。

·高效利用资源，合理分配和使用资源。

·评估绩效，通过结果评估个人和团队表现。

·持续改进，根据结果进行反思和优化。

一切过程都要为结果服务，结果达成的质量才是检验执行有效性的直接指标。

3.能力评价

通过评价候选人的推进执行，企业可以选拔出更适合团队文化和发展目标的员工，进而推动企业的持续成长。

（1）在面试过程中，面试官可以采用行为面试问题来提问。

✓ 请描述一个你成功完成的项目，你采取了哪些步骤？

✓ 你在面对重大挑战时是如何推动项目顺利进行的？

✓ 描述一次你如何在紧迫的时间内同时完成多个任务的经历。

✓ 讲述一个你与团队成员合作实现共同目标的经历。

✓ 你是如何处理紧急任务的？请描述你的行动和结果。

✓ 你是如何设定个人或团队目标的？请描述一个你成功实现目标的例子，并谈谈你的策略和行动步骤。

✓ 你是如何评估项目或任务的进展的？请分享一个你通过持续监控和调整策略实现成功的经历。

（2）在面试过程中，面试官也可以采用情景面试问题来提问。

✓ 如果项目突然出现问题并需要立即解决，你会如何处理？

✓ 如果你在执行计划时遇到阻碍，你会如何调整策略以确保目标达成？

✓ 如果你在项目中遇到一个意外挑战，你会如何应对并确保项目不受影响？

✓ 在你最近的一个项目中，你是如何设定和跟踪关键绩效指标的？如何通过持续监控确保项目按计划进行？

✓ 在一个团队项目中，你扮演了什么角色？请描述一个你如何通过有效的团队合作和领导推动项目成功的例子。

✓ 你如何处理团队中的冲突或分歧意见？请分享一个你成功调解团队矛盾并最终达成共识的经历。

✓ 你是如何规划和管理个人工作任务的？请描述一个你在时间管理上成功的案例。

✓ 在高压环境下，你是如何保持自己的效率和动力的？请分享一个你在压力下如何高效工作的经历。

（3）面试官可以通过以下行为观察要点对候选人的推进执行进行评价。

◇ 是否有清晰的结构和逻辑顺序。

◇ 能否系统性地阐述问题的解决方案或实现目标的步骤。

◇ 能否提供具体的细节和实际的行动步骤。

◇ 是否能够深入分析问题的根本原因。

◇ 解决方案是否考虑到了多方面的影响和可能的后果。

◇ 谈论工作成果时，是否强调了实际取得的结果和成就。

◇ 候选人能否量化和具体描述他们的贡献。

◇ 候选人的沟通风格和表达能力如何。

◇ 能否清晰、准确地传达自己的想法和计划。

◇ 在处理多个问题时，是否展现了良好的管理能力。

通过这些行为观察点，面试官可以全面评估候选人的推进执行能力。推进执行能力是企业业务开展的必备能力，也是绩效达成的基本动作。对候选人进行推进执行能力的评估，也是对候选人过往工作有效性的评估。

参考文献

[1]　闫巩固，高喜乐，张昕 . 重新定义人才评价 [M]. 北京：机械工业出版社，2019.

[2]　杨刚祥，胡光敏 . 老 HRD 手把手教你做岗位管理 [M]. 北京：中国法制出版社，2019.

[3]　董萍，闫娜 . 人力资源管理教程 [M]. 北京：人民邮电出版社，2016.

[4]　王胜会 . 我的第一本 HR 入门书 [M]. 北京：人民邮电出版社，2019.

[5]　吴少华 . 人力资源管理 [M]. 北京：人民邮电出版社，2021.

[6]　辛占华 . 老 HRD 手把手教你做任职资格管理 [M]. 北京：中国法制出版社，2015.

[7]　祁婷，孙科柳 . 华为人才管理全景图：深度解析华为战之必胜的人才管理实践 [M]. 北京：电子工业出版社，2021.

[8]　张登印，李颖，张宁 . 胜任力模型应用实物 [M]. 北京：人民邮电出版社，2014.

[9]　徐斌，王一江，徐子骁 . 精准选人——人才画像与人才识别 [M]. 北京：人民邮电出版社，2023.

[10]　王永昌 . 华为：磨难与智慧 [M]. 北京：中国社会科学出版社，2019.

[11]　蒋小华 . 赋能工作法：打造一支自驱动的高效团队 [M]. 杭州：浙江大学出版社，2020.

[12]　吴婷 . 战法：成就下一个商业奇迹 [M]. 北京：中信出版社，2023.

[13]　马欣川 . 面试学：理论与实践 [M]. 北京：社会科学文献出版社，2011.

[14]　沈小滨 . 领导力 10 堂课：从 0 到 1 培养赋能领导力 [M]. 北京：中国

法制出版社，2019.

[15] 彭剑锋，蔡青 . IBM 变革之舞 [M]. 北京：机械工业出版社，2013.

[16] 曾双喜 . 胜任力：识别关键人才、打造高绩效团队 [M]. 北京：人民邮电出版社，2022.

[17] 曾双喜 . 盘活人才资产：以人才盘点打造高效人才梯队 [M]. 北京：人民邮电出版社，2023.

[18] 韩文卿 . 胜任力模型咨询笔记：世界 500 强企业的建模方法 [M]. 北京：中华工商联合出版社，2021.

[19] 刘远我 . 招聘面试：优秀面试官必读手册 [M]. 北京：电子工业出版社，2017.

[20] 红霞 . 面试技巧 [M]. 北京：中国科学技术出版社，2006.

[21] 孙仁杰，康廷虎 . 面试中作假行为与印象管理的研究述评 [J]. 心理学进展，2020.

[22] 刘远我 . 人才测评方法与应用 [M]. 北京：电子工业出版社，2011.

[23] 孟广桥 . 把面试做到极致：首席面试官的人才甄选法 [M]. 北京：中华工商联合出版社，2018.

[24] 李祖滨，刘玖锋 . 精准选人提升企业利润的关键 [M]. 北京：电子工业出版社，2018.

[25] 任康磊 . 招聘面试入职离职管理实操从入门到精通 [M]. 北京：人民邮电出版社，2019.

[26] 美国卡内基训练机构 . 倾听 [M]. 周芳芳，译 . 北京：中信出版社，2020.

[27] 胡新桥 . 卓越面试官从入门到精通 [M]. 北京：化学工业出版社，2021.

[28] 亚伦·皮斯，芭芭拉·皮斯 . 身体语言密码 [M]. 北京：中国城市出版社，2007.

[29] 沈岳明 . 微反应应用心理学 [M]. 上海：文汇出版社，2018.

[30] 哈里·巴尔肯 . 微表情心理学：读心识人准到骨子里 [M]. 北京：群言出版社，2014.

[31] 张静波 . 微反应心理学 [M]. 北京：中国社会出版社，2020.

[32] 曾双喜 . 超级面试官：快速提升识人技能的面试实战手册 [M]. 北京：
人民邮电出版社，2020.

[33] 吴强 . 面试考官技术指南 [M]. 北京：中国人事出版社，1990.

后　记

职业即是人生，高质量的职业发展即是高质量的人生体验。如何在面试场景中寻找到适合企业发展的候选人，并开启一场双向奔赴、彼此扶持、互相成就的成长之旅，这既是面试官的职责，更是面试官的福祉。人生是一场最大的面试，我们每个人都需要完成人生这场极具挑战的面试。所以，编写此书既是给自己职业生涯交一份阶段性答卷，也是为了帮助承担面试官角色的职场人更精准地寻得优秀的合作伙伴。

面试官最关键的能力是要培养人感，这份人感是指面试官既要具有悲悯心，又要具有欢喜心。悲悯心是指我们要能看到生命奋斗之不易，欢喜心是指我们要能看到生命对生的渴望和那份独属于生命本身的生长之力。如何看到候选人的生命力，如何分析候选人的生命力，如何激发候选人的生命力，这需要面试官不仅要具备一双慧眼，更需要拥有一颗慧心。这颗慧心不仅会增强面试官对不同职业故事的代入感和理解力，更会提升面试官的倾听技巧和发问能力。

面试官向候选人发问的每一个问题，都是递赠给候选人对其个人能力进行自我举证的机会，恰恰是这样的机会让候选人距离心仪的工作越来越近。面试之于我是一项工作，更是一场体验。我在十年间面试过数千名候选人，我也聆听过很多职场人的职业履历和成长心迹。每一次发问和每一次倾听都是面试官与求职者缘分缔结的契机，我个人也在面试过程中收获众多人生好友，这些好友已在我职业旅程中助力我前行十余载。

在此，尤其感谢曾经在我职业生涯中面试过我的面试官刘莉老师、姜鹭老师、朱海霞老师、谢伟宏老师和拾仪鑫老师。感恩各位前辈过往在面试过程中对我个人能力的认可并给予我职业成长的机会。同时，我也非常感谢在编写此书过程中给予帮助的各位行业同仁，其中重点感谢在此书成稿期间给予我帮助的魏颖、颜青、庄丽瑜三位老师。

最后，我也万分感谢一直在我人生成长道路上鼓励我、支持我的父母。感恩父母的托举，我会一路勇毅前行，遇见更多美好！